기독교와 AI

AI문고

인공지능 시대입니다. 기계가 인간의 인지를 대신하고, 사물이 인간을 통하지 않고 다른 사물과 직접 커뮤니케이션합니다. 이에 따른 인간 삶과 문명 변화를 정확히 이해·예측·대응하는 것은 이 시대 우리 모두의 과제입니다. AI문고는 인공지능 기술과 환경의 여러 주제를 10가지 키워드로 정리합니다. 관련 개념과 이론, 학계와 산업계의 쟁점, 우리 일상의 변화를 다룹니다. 인간과 기술의 현재, 미래를 세심히 분석합니다.

일러두기

- 인명, 작품명, 저서명, 개념어 등은 한글과 함께 괄호 안에 해당 국가의 원어를 병기했습니다.
- 외래어 표기는 현행 어문규정의 외래어표기법을 따랐습니다. 다만 아브라함 카이퍼(Abraham Kuyper)는 앞선 번역 문헌의 표기를, 마틴 루터 킹 주니어(Martin Luther King Jr.)는 관행을 따랐습니다.
- 이 책에서 특별히 언급하지 않는 한 "AI"는 Artificial Intelligence, 즉 인공지능을 의미합니다.
- 이 책에서 소개하는 논지 중에는 필자의 기존 논저와 기고문 등에서 요약 및 정리한 것이 포함되어 있습니다. 그러한 경우 가능한 한 꼼꼼히 인용 표기했습니다.

처음이세요?

전문가세요?

기독교와 AI

이경건

대한민국, 서울, 커뮤니케이션북스, 2025

기독교와 AI

지은이 이경건
펴낸이 박영률

초판 1쇄 펴낸날 2025년 12월 10일

커뮤니케이션북스(주)
출판 등록 2007년 8월 17일 제313-2007-000166호
02880 서울시 성북구 성북로 5-11
전화(02) 7474 001, 팩스(02) 736 5047
commbooks@commbooks.com
www.commbooks.com

ISBN 979-11-430-1282-1 03500

책값은 뒤표지에 표시되어 있습니다.

차례

해 아래 새로운 것

전도서 1:9 "이미 있던 것이 후에 다시 있겠고 이미 한 일을 후에 다시 할지라 해 아래에는 새 것이 없나니".

구약 성경에서 이스라엘의 최전성기를 이끌었던 솔로몬 왕은 말년에 전도서를 저술했다고 알려져 있다. 지혜의 상징과도 같이 여겨지는 인물인 그는 "마음을 다하며 지혜를 써서 하늘 아래에서 행하는 모든 일을 연구하며 살핀"(전 1:13) 결과로서 자연물, 인간, 역사, 그 모든 것은 지나가며 반복될 뿐이라고 말한다. 물론 솔로몬은 독자들이 하나님을 경외하고 그의 명령을 지키기를 권면하는 종교적 목적으로 전도서를 남겼지만(전 12:13), 이로부터 유래한 '해 아래 새로운 것은 없다'는 격언은 역사를 통해 교훈을 얻는 일의 중요성을 통찰력 있게 보여 준다.

기독교는 예수의 성육신 이후 펼쳐져 온 교회사(敎會史, church history), 특히 그 가운데 정통 교리와 이단 교리를 구별하여 온 교리사(敎理史, history of doctrines)를 통해 신학적 표준을 세워 왔다. 그리고 겉보기에 기독교적일 수 있는 수많은 진술 중 무엇이 정통 기독교 신념 체계의 울타리 안에 있으며 무엇이 그렇지 않은 이설(異說)인지를 구별하는 기준을 역사적 성경 해석에 둔다. 예컨대 오늘날 누군가 신학적 주장을 하는 경우 '그것은 종교개혁자 ○○의 성경 해석에 부합하는 것이다'라는 식의 지지라든지 '그것은 과거에 이미 논쟁을 거쳐 공의회에 의해 이단으로 규정된 ○○파의 주장과 유사하다'라는 식의 논박이 이루어진다. 2천 년 이상 이어져 온 기독교 역사상 셀 수 없이 많은 사람들이 이루 다양한 신학적 주장을 시도하였고 그에 대한 답변이 이루어져 온 것이다. 그러므로 이제는 전혀 새로운 신학적 진술이란 등장하기 어려운 면이 있고, 기독교 신학은 그 역사에 힘입어 웬만한 주장에 관하여는 긍정적으로든 부정적으로든 답을 하는 일이 가능하다. 이는 마치 성경이 "여호와께서 이와 같이 말씀하시되 너희는 길에 서서 보며 옛적 길 곧 선한 길이 어디인지 알아보고 그리로 가라 너희 심령이 평강을 얻으리라"(렘 6:16)라고 말하는 것과도 유사하게 느껴진다.

그런데 해 아래 새로운 것이 이제는 정말로 등장해 버린 것일까. 워싱턴대학교의 컴퓨터과학 및 공학 교수였던 페드로 도밍고스(Pedro Domingos)는 머신 러닝

(machine learning)이 "해 아래 새로운 것(something new under the sun)"이라고 말한 바 있다(Domingos, 2015, p. xiv). 기계 학습이라고 번역되기도 하는 머신 러닝은 인공지능(Artificial Intelligence, 이하 'AI')을 구현하기 위한 주요한 방법론으로서 데이터를 기반으로 모델을 자동 생성하는데, "스스로를 짓는 기술(a technology that builds itself)"이라는 점에서 이것이 전에 없었던 완전히 새로운 무엇이라는 선언이다(p. xiv). 도밍고는 이러한 궁극의 학습 기계가 우리의 세계를 완전히 새롭게 재편할 것이라고 전망한다(Domingos, 2015). 한편, 역시 머신 러닝 분야의 저명한 교과서 중 하나의 서문 첫 페이지에는 이러한 격언이 적혀 있다. "우리는 하나님을 믿는다. [그러나] 그 밖의 다른 것들에 대해서는 데이터를 가져오라(In God we trust. All others bring data)"(Hastie et al., 2009). 성경 구절과 미국의 대표적 신앙 고백을 비튼 것이 명백한 이러한 명제들에서는, 그것이 의도적이었는지는 차치하더라도, 머신 러닝에 의해 구현된 AI가 경험적 데이터에 기반한 과학의 정점으로서 기독교 신앙의 영역을 축소할 여지가 있음을 강하게 암시하고 있다.

그러나 기독교인의 입장에서 신앙과 과학의 관계에

관한 대담한 선언들을 마주할 때 과연 "이것이 그러한가 하여" "성경을 상고"(행 17:11)해 보는 일이 필요하다. 죽산(竹山) 박형룡(朴亨龍, 1897~1978)은 한국의 대표적인 보수 신학자이자 총신대학교 총장으로서 대한예수교장로회(합동)의 신학적 태두와도 같이 여겨진다. 그런데 그의 1933년 미국 남침례신학교(Southern Baptist Theological Seminary) 박사학위 논문이 "자연과학으로부터의 반기독교적 유추(Anti-Christian Inferences from Natural Science)"라는 제목으로서 신앙과 과학의 관계를 다루었다는 점은 의아하리만치 잊히어 있다. 박형룡(2016)은 그의 학위 논문에서 진화론을 비롯한 과학 이론들로부터 반기독교적인 유추를 하는 것이 오류라는 점을 상세히 논증했다. 여기서 박형룡이 당대의 과학을 아주 면밀하게 검토하였다는 점이 주목된다. 그의 학위 논문의 국문판 색인에 따르면(박형룡, 2016, p. 299), 그는 진화론을 제안한 생물학자 찰스 다윈(Charles Darwin, 1809~1882)을 23번, 진화론을 38번 언급했다. 미국의 구(舊) 프린스턴 신학자 찰스 하지(Charles Hodge, 1797~1878)를 6번, 스코틀랜드의 장로교 신학자이자 기독교 세계관의 주창자인 제임스 오르(James Orr, 1844~1913)를 10번 언급하였음과 비교하면 그가 얼마나 당대의 과학을 진지하게 다루었는지를 미루어 알 수 있다(이경건, 2023). 그렇다면 그의 후배들이라고 할 수 있는 한국의 기독교 신자들은 과연 오늘날 과학의 정점인 AI로부터 어떠한 유추를 하고 있는가.

집필 동기와 예상 독자

기독교인이자 과학교육학자로서 필자는 신앙과 과학 간의 관계를 늘 고찰해 왔다. 박형룡이 논한 바와 같이, 사상사적으로 보면 기독교 신앙과 과학 간의 간격이 본격적으로 벌어지기 시작한 것은 19세기에 찰스 다윈이 진화론을 주창한 때로부터라고 할 수 있을 것이다. 정상과학(normal science)의 패러다임으로 자리 잡은 진화론의 영향력 아래서 많은 이들이 기독교 신앙과 인간론을 숙고해 왔다. 그러나 기독교 진영에서 이에 대한 답을 미처 다 하기도 전에, 이제는 갑작스레 등장한 챗GPT(ChatGPT)가 과학의 총아로서 그 위력을 내세우고 있다. 필자가 느끼기에는, 기독교 신앙이 대면해야 할 과학의 대표자는 진화론에서 AI로 어느덧 세대교체가 되었다. 이는 기독교에 찾아온 새로운 위기로 비칠 수 있으나, 다른 한편으로 기독교에 주어진 새로운 기회일 수도 있다. 기독교가 진화론에 대하여 그러했던 것보다 더

나은 방식과 내용으로 AI에 대하여 답을 내어놓을 수 있다면 말이다.

최근 기독교적인 입장에서 AI에 대한 답을 시도하는 신학자 및 목회자들의 저술이 등장하고 있다(예: 신국원 외, 2024; 한재욱, 2024; 김명희, 2025). 어쩌면 목회적인 측면에서는 그러한 저술들이 이미 도움을 주고 있을지도 모르겠다. 하지만 한편으로는 평신도의 입장에서, 그 중에서도 지성적인 신앙을 추구하는 입장에서 탐구하고자 하는 기독교 사상과 AI 담론의 교차를 면밀하고 포괄적으로 살펴본 문헌은 드물었던 것으로 보인다(참조: Lennox, 2020/2021). 기실 그러한 수요는 기독교 세계관 운동에서 지금까지 그러하여 왔듯 신앙과 학문의 조화를 추구할 때 만족시킬 수 있을 것이다. 결국 이 책의 주요 예상 독자는 오늘날의 AI 현상을 기독교 신앙의 입장에서 해석하고자 하는, 지적인 성향을 지닌 평신도 기독교인이다. 다만 후술할 바와 같은 신학적 방법론의 도입과 장별 구성으로 인해, 이 책은 목회자와 신학자들에게도 일말의 도움이 될 수 있으리라 본다. 더하여, 21세기 한국의 정신문화가 오롯이 수립되기를 바라는 필자의 지향성 역시 이 책의 집필 중에 반영되었을 것이다. 곧, 이 책의 예상 독자가 한국인이라는 점 또한 굳이 언급하고자 한다.

이렇듯 이 책은 독특한 주제, 집필 동기, 예상 독자를 상정한다. 이에 이 책은 엄중한 신학적 고찰이라기에는 다소 유연한 사고를 펼쳐 나갈 것이며, 신앙 서적이라기에는 논변적일 것이고, 전문 학술서라기에는 고백적일 것이다. 그리고 이 책은 길지 않다. 그러나 이렇듯 다면적인 성격의 글이 AI총서의 취지에는 부합하기를 바란다.

방법론적 고찰

한 권의 책에 2천 년이 넘는 역사의 기독교 사상을 온전히 담아내는 일은 불가능할 것이다. 이는 AI에 관하여도 마찬가지여서, 하루가 멀다 하고 쏟아지는 새로운 모델들과 이에 관한 연구들은 한 권으로 정리는커녕 그 변화의 갈피조차 잡기 쉽지 않다. 그렇다면 기독교와 AI, 전통적 종교 사상과 첨단 과학기술의 총아의 교차를 짧은 글을 통해 살펴보는 일은 과연 가능한 것일까.

기독교와 AI라는 광범위한 주제를 다루기 위해서는 체계적이고 확고한 논리의 틀이 꼭 필요하다. 이에 이 책에서는 기독교 신학의 한 분야로서 "'성경 전체가 오늘 우리에게 무엇을 가르치는가'라는 물음에 [체계적으로] 답하는"(Grudem, 2020/2024, p. 35) 조직 신학(systematic theology)의 일반적 순서를 따라 논지를 분리 및 전개하고자 시도한다. 조직 신학의 일반적 순서는 성경론-신론-인간론-기독론-구원론-교회론-종말론 정도로 볼 수 있다(Berkhof, 1949/2017; Grudem, 2020/2024). 기독교의 다양한 교파 및 교단마다 조직 신학의 각 논제에 관하여 서로 다른 입장을 지닌 것이 사실이고, 실상 그러한 신학적 견해의 종합이 각 신학 사조의 본질이라고도 할 수 있다. 하지만 그러한 차이점들은 이 책의 범위를 벗어난다.

이에 이 책에서는 기독교와 AI를 논하기 위한 한 방법으로서 칼뱅주의(Calvinism) 또는 이와 사실상 동의어로 사용할 수 있는 개혁주의(Reformed) 신학의 관점을 도입한다. 이러한 방법 설정에는 몇 가지 장점이 따른다. 첫째, 칼뱅의 대표작이자 개혁주의 신학의 고전인 《기독교 강요》는 고대로부터 16세기까지에 이르는 기독교 신학을 체계적으로 집대성하였던 면이 있으므로 (Gonzalez, 2010/2012), 칼뱅주의는 이로부터 새롭게 출발하는 논의들을 언급함에 분명한 기준점을 제공한다. 둘째, 칼뱅-개혁주의 관점은 우리나라 기독교인의 대다수가 속하여 있는 장로교(Presbyterian) 교단들의 신학을 대표한다고 할 수 있다. 이에 독자들이 보다 익숙한 신학적 문법으로 AI 현상을 풀어낼 수 있을 것이다. 셋째, 필자 역시 "수정되지 않은 칼빈주의"(박용규, n.d.)를 천명하는 대한예수교장로회(합동) 교단에서 신앙생활을 해 왔으므로, 칼뱅-개혁주의는 객관적 관점이면서도 필자의 저자성이 살아나는 주관적 관점이 된다.

이러한 관점으로 바라볼 자료는 다음과 같다. 기독교 사상에 관하여는 성경(개역개정판), 신경(creed - 사도신경, 니케아 신경, 칼케돈 신경 등), 신앙고백서(웨스트민스터 표준문서 등), 개혁파 신학자들의 저술을 주로 참조한다. 필요한 경우 범기독교 저자들의 글을 참조한다. AI의 기술적 측면에 관하여는 개발 보고서, 제품 및 서비스 관련 사실들, 여타 학술적 논의들을 참조한다. AI로 인해 달라질 세계를 상상하여 논제를 제시하는 일에는 문학 및 영화 등의 예술 작품들에 기댄다. 필요한 경우 다양한 철학자들의 사고 역시 전유한다.

상정한 관점과 자료를 바탕으로 해 나갈 구체적인 작업은 주로 기독교 사상과 AI 담론 및 현상의 비교다. 이 책의 각 장은 대체로 (1) 해당 주제에 관한 기독교의 전통적 가르침을 간략하게 정리하고, (2) AI가 그 이론 또는 실제에 제기하는 화두를 소개하여, (3) 다시금 칼뱅-

개혁주의 입장에서의 답을 모색하는 구조로 구성하였는데, 이러한 내용과 순서의 체제는 장별로 다소 다를 수 있다. 이 가운데 경험적이고 실용적인 측면보다는 논리적이고 원리적인 측면에 보다 집중했다. 또한 기독교 신자를 예상 독자로 삼고 있을 뿐 아니라 지면의 한계가 있기에, 성경의 내용을 비롯한 기독교 신앙의 배경지식이 빈번히 인용되면서도 상세히 소개되지는 못했다. 성경을 인용할 때에는 문맥에 맞게 어미, 조사, 띄어쓰기 등을 다소 윤문한 경우가 있다. 집필 과정에서 신학 및 국어 전문가 들로부터 일부 자문을 받았음을 밝힌다.

여기서 칼뱅-개혁주의가 기독교와 AI라는 주제를 풀어내기 위해 가장 적합한 관점인지 다음과 같은 두 가지 지점에서 어느 정도 타당한 의문을 제기할 만하다. 첫째로 칼뱅-개혁주의가 기독교를 대표하는 사상이라고 볼 수 있느냐 하는 점이다. 둘째로 500여 년 전의 신학자인 칼뱅의 사상에 기반하여 과연 오늘날의 AI를 해석하는 일이 가능할 것인가 하는 점이다.

그럼에도 불구하고, 이 책에서 칼뱅-개혁주의 관점에서 '기독교와 AI'에 접근하고자 하는 이유가 있다. 첫째로, 칼뱅-개혁주의는 기독교 신학의 고전적 모범이기 때문이다. 이를 경제학에 비유해 보자. 우리는 애덤 스미스(Adam Smith, 1723~1790)의 자유 시장 경제론이 지구상에서 발생한 모든 경제 현상들을 설명한다거나 그에 관한 적절한 처방을 내리기에는 완벽하지 않다는 점에 대체로 동의한다. 하지만 우리는 애덤 스미스의 경제 이론을 공부하거나 음미하는 데 큰 어려움을 느끼지 않는다. 오히려, 비록 오늘날의 시각에서는 부족한 점이 있을지라도 자유 시장 경제론이 경제학 및 경제 현상을 바라보는 데 교과서적인 기여를 하였음을 인정한다. 칼뱅-개혁주의 역시 마찬가지다. 비록 그것이 유일하거나 완벽한 신학 체계는 아닐 수 있으나, 이로부터 출발하여 우리의 신학적 사고를 전개해 나가는 일이 갖는 의미가 있는 것이다.

둘째로, 칼뱅-개혁주의는 하나님이 창조한 세계를 탐구하는 자연 과학에 대한 친화성을 지닌다(McGrath, 2010/2017). 이는 영역 주권(sphere sovereignty)을 주장하였던 네덜란드의 신칼뱅주의(Neo-Calvinist) 신학자 아브라함 카이퍼(Abraham Kuyper, 1837~1920)나 헤르만 바빙크(Herman Bavinck, 1854~1921)에도 적용된다. 영역 주권론은 하나님의 절대 주권이라는 칼뱅의 사상을 일반 은총의 영역으로까지 적극적으로 확대 적용한 것으로서, 과학을 비롯한 문화의 모든 영역에서 창조주 하나님이 부여한 고유한 원리와 주권에 따라 기독교인이 사명을 다하여야 함을 말한다(Horton, 2002/2010). 예컨대 네덜란드의 수상이기도 했던 카이퍼는 칼뱅주의가 과학에 대한 사랑을 증진하고, 과학의 영역을 회복시키며, 부자연스러운 속박으로부터 과학을 구출하고, 불가피한 과학적 갈등에 대한 해결책 역시 제시해 왔다고 단언한다(Kuyper, 1999, p. 110). 이러한 확장성이 칼뱅-개혁주의가 AI를 비롯한 현대 과학 현상에 접근하는 데 토대적인 관점으로서 유효하도록 만든다.

마지막으로, 상기하였듯 필자의 평소 신학적 관점이 칼뱅-개혁주의에 해당한다. 필자는 현대 복음주의 사상의 적실성과 요긴함을 인정하나, 칼뱅-개혁주의 외의 신학 사상을 논하기에는 과문하다. 결국 이 책은 복합적이고 다면적인 주제의 얼개를 그려내기 위해 이를 바라보는 하나의 관점을 확립하면서, 동시에 이에 수반하는 한계를 어느 정도 노정하고 있는 셈이다. 그럼에도 불구하고, 이 책이 독자들이 기독교와 AI라는 주제에 접근하는 일을 돕는 시론(試論)의 역할 정도는 할 수 있기를 바란다.

이 책의 구성 방식

위에서 언급한 조직 신학 각론의 순서가 대체로 이 책의 각 장을 구성한다. 다만 이에 더하여, 기독교와 AI라는 주제 및 오늘날의 기독교인들의 관심사에 부합하는 일부 장들(3, 8, 9장) 역시 적절한 위치에 포함했다. 각 장은 어느 정도 전통적이고 논리적인 순서를 따라 배치되어 있으므로, 이 책은 앞에서부터 시작하여 차례대로 읽는 것이 좋을 듯하다.

제1장 '성경론과 AI'는 정경(canon)으로서 완성 및 확정된 성경 텍스트와 대규모 언어 모델 등의 AI가 생성해 내는 텍스트를 비교하는 장이다.

제2장 '신론과 AI'는 문학 작품 등에서 초월적인 존재자로서의 신에 비견되기도 하는 AI와 기독교의 하나님의 특성을 비교한다.

제3장 '창조론과 AI'는 지성체에 의한 창조적 행위의 본질을 논의하는 장으로서, 하나님, 인간, AI에 의한 창조를 다룬다.

제4장 '인간론과 AI'는 하나님의 형상(Imago Dei)으로 지어진 인간과, 마치 인간을 닮은 듯한 AI의 관계를 논의한다.

제5장 '기독론과 AI'는 상승 기독론과 하강 기독론의

대비를 통해, AI와 연관되어 논의되는 호모 데우스(Homo Deus) 사상을 비평한다.

제6장 '구원론과 AI'는 AI로 인해 활발해진 트랜스휴먼 담론을 일종의 구원론으로 이해하고, 기독교 구원론과 비교한다.

제7장 '교회론과 AI'에서는 교회 안에서의 수직적이고 수평적인 관계 맺음의 양상에 AI가 가져올 수 있는 변화를 보다 실용적으로 바라본다.

제8장 '선교론과 AI'는 그리스도가 남긴 지상명령(至上命令)으로서의 선교가 타 언어권으로의 접근을 전제하는바, AI가 가져올 수 있는 변화를 역시 실용적으로 탐색한다.

제9장 '신국론과 AI'는 '천국' 또는 '하나님 나라' 용어를 비교하고, 그 안에서 AI를 선하게 사용할 수 있는 방법을 검토한다.

제10장 '종말론과 AI'는 역사의 진행에 분명한 방향성과 끝이 있다고 보는 기독교 종말론에 비추어, 마치 디스토피아적 종말의 계기가 될 것처럼 두렵게 그려지곤 하는 AI를 이해하는 새로운 관점을 제시한다.

이사야 선지자는 "유다와 예루살렘"(사 1:1), 곧 현재를 살아가는 기독교인들로 확장할 수 있는 독자들에게 주어지는 하나님의 말씀을 다음과 같이 선포했다. "여호와께서 말씀하시되 오라 우리가 서로 변론하자 너희의 죄가 주홍 같을지라도 눈과 같이 희어질 것이요 진홍같이 붉을지라도 양털같이 희게 되리라"(사 1:18). 과연 AI 시대를 맞아 수많은 도전과 질문거리에 직면하게 된 기독교인들 역시 변론 끝에 "옛적 길 곧 선한 길"을 다시 찾아 "심령의 평강을 얻을"(렘 6:16) 수 있을 것인가?

"예수께서 이르시되 와서 보라"(요 1:39).

참고문헌

김명희(2025). 《AI 혁명과 기독교의 만남: ChatGPT와 목회의 미래》. 한양대학교 출판부.

박용규(n.d.). "한국장로교 총회 100년, 역사적 개관". http://www.gapck.org/sub_01/sub06_01.asp

박형룡(2016). 《자연과학으로부터의 반기독교적 유추》. 한국기독교사연구소.

신국원 외(2024). 《AI의 파도를 분별하라: 인공지능 시대 기독교인의 미래를 보다》. 익투스.

이경건(2023). "창조 신앙과 과학 교육: 인격 안에서". 《CS 매거진》, 12, 14~17쪽.

한재욱(2024). 《인문학을 하나님께 4》. 규장.

Berkhof, L.(1949). *Systematic Theology*. 이상원·권수경 옮김(2017). 《벌코프 조직신학(2판)》. CH북스.

Domingos, P.(2015). *The master algorithm: How the quest for the ultimate learning machine will remake our world*. Basic

Books.
Gonzalez, J. L.(2010). *The story of Christianity*. 엄성옥 옮김(2012). 《중세교회사》. 은성출판사.
Grudem, W. A.(2020). *Systematic Theology: An Introduction to Biblical Doctrine*. 박세혁 옮김(2024). 《조직신학 1》. 복있는사람.
Hastie, T. et al.(2009). *The elements of statistical learning: data mining, inference, and prediction(2nd edition)*. Springer.
Horton, M. S.(2002). *Where in the World is the Church?*. 윤석인 옮김(2010). 《개혁주의 기독교 세계관》. 부흥과개혁사.
Kuyper, A.(1999). *Lectures on Calvinism(reprinted)*. Eerdmans.
Lennox, J.(2020). *2084: Artificial Intelligence and the Future of Humanity*. 이우진 옮김(2021). 《2084: 인공지능과 인류의 미래》. 한국장로교출판사.
McGrath, A. E.(2010). *Science and Religion: A New Introduction*. 정성희·김주현 옮김(2017). 《과학과 종교: 충돌과 조화》. 린.

01
성경론과 AI

기독교는 성경을 기록된 하나님의 말씀으로 본다. 한편 현대인은 갈수록 AI에 지적으로 의존하고 있다. 정경(canon)으로 확립된 성경과 AI가 생성하는 텍스트의 특성을 논한다.

기후 위기와 인공지능?

정경으로서의 성경 텍스트

성경은 기독교의 경전으로서, 기록된 하나님의 말씀이며, 구약 39권과 신약 27권의 총 66권으로 이루어져 있다. 신구약 성경의 구분 기준은 예수 그리스도의 성육신이다. 성경 각 권은 대략 기원전 15세기부터 기원후 1세기까지 여러 기록자에 의해 쓰였으나, 일관적으로 예수 그리스도와 그가 우리를 위하여 행하신 구속 사역을 말한다(요 5:39, 20:31).

성경이 주어짐으로써 계시는 종결되었으며(히 1:1-2; 계 22:18-19), 성경 66권 중 구약 39권은 기원후 1세기경, 신약 27권은 기원후 4세기경에 이미 정경(正經, canon) 화되었다. 정경의 목록은 어떤 책이 하나님의 말씀이며 무엇이 그렇지 않은지를 확정한다. 여타의 다른 문서들과 비교하여 정경으로서 인정받는 성경의 권위는 그것의 영감성에서 온다. "모든 성경은 하나님의 감동으로 된 것"이다(딤후 3:16). 개혁주의에서는 성경이 축자적으로(verbal inspiration – 글자 수준에서) 또한 유기적으로(organic inspiration – 기록자의 성격, 기질, 교육, 문화, 문체 등을 사용하여) 영감되었다고 믿는다(Berkhof, 1949/2017).

기독교에서 성경은 '정확무오한 하나님의 말씀'으로

받아들여진다. 성경은 일점일획이라도 더하거나 뺄 수 없다(마 5:18; 계 22:18-19). 비교적 현대에 등장한 〈성경 무오에 관한 시카고 선언(The Chicago Statement on Biblical Inerrancy)〉(1978)에서도 성경은 개인의 구원에 대한 메시지와 역사상의 사실에서 똑같이 무오하다고 단언한다.

그런가 하면 성경 기록의 목적은 신자가 하나님의 말씀에 따라 살아가도록 하는 데 있기도 하다. 성경은 "교훈과 책망과 바르게 함과 의로 교육하기에 유익하니 이는 하나님의 사람으로 온전하게 하며 모든 선한 일을 행할 능력을 갖추게 하려"(딤후 3:16-17) 함이다. 웨스트민스터신앙고백서(1647)는 성경이 하나님으로부터 주어진 '신앙과 행위의 규범(rule)'임을 천명한다(웨스트민스터신앙고백서 1.2).

데이터 기반 AI 생성 텍스트

챗GPT, 제미나이, 클로드 등의 최신 AI 모델들은 그 구조에서는 대규모 언어 모델(large language model)이며, 그 기능에서는 생성형(generative) AI다. 곧, 근래의 AI는 고정된 텍스트를 인출하는 것이 아니라 사용자의 질문에 대한 답으로서 끝없이 텍스트를 생성해 낸다.

챗GPT의 기본 모듈인 GPT-3의 경우 약 1,750억 개의 파라미터(변수)들 간의 복잡한 연결로서의 인공신경망 구조이며, 해당 파라미터들의 값을 학습시키기 위해 약 5,000억 개 단어 규모의 데이터를 사용했다(Brown et al., 2020). 챗GPT를 비롯한 최근의 AI 모델들을 학습시키기 위해 사용된 이러한 규모의 데이터는 사실상 지금까지 인류가 축적해 온 디지털 데이터 중 대부분에 해당한다고 해도 과언이 아니다(Villalobos et al., 2022). 어떤 면에서, 대규모 데이터에 의해 학습된 AI는 신비주의적 신지학(theosophy)에서 제안되어 적지 않은 대중문화에서 차용되는, 세계가 역사적으로 쌓아 온 기록의 총체인 아카식 레코드(Akashic record)에 비견할 만하다.

챗GPT를 비롯한 현대 AI 모델들의 지식 수준과 사용 범위는 무궁무진하다. 챗GPT는 질문에 답하고 개념을 설명하기, 내용을 작성·수정·요약하기, 창의적 작업을 돕는 제안을 하기, 논리적 추론에 따라 문제를 해결하기, 다양한 언어를 번역하기 등을 핵심 능력으로 지니고 있다(OpenAI, 2025). 이를 기반으로 챗GPT의 초기 버전조차 미국의 변호사 시험, 의사 면허 시험, MBA 입학시험 등을 통과하였으며 텍스트와 이미지를 함께 처리하는 멀티모달(multimodal) 모델들의 경우 의학 이미지

판독에서도 상당한 성과를 거두고 있다.

마치 과거에 인터넷이 전문적이고 일상적인 지식의 장벽을 허물었듯이, 앞으로는 우리가 살아가며 갖게 되는 크고 작은 질문들에 관하여 챗GPT를 필두로 하는 첨단 대규모 언어 모델들이 빠르고 체계적으로 제시하는 답이 중요하게 작용할 여지가 크다. 더욱이 성경은 2,000여 년 전에 종결된 계시로서 존재하여 현대에 존재하는 여러 사물, 개념, 삶의 모습 들을 직접적으로 다루지 않는 것이 많다. 반면 AI 모델들은 그와 관련된 질문들에 관하여도 높은 수준의 답을 내놓는다. 그런 면에서 오늘날을 살아가는 사람들 가운데, 특히 비기독교인들의 경우, 많은 이들이 성경보다도 AI를 더 유용한 정보의 통로로 여기고 있는 듯하다.

문법적 읽기와 할루시네이션

전통적으로 성경의 무오성이 지지되어 왔으나, 현대적 관점에서 과연 성경을 정말 '일점일획도 오류가 없는' 텍스트로 여기고 이를 문자적으로 읽을 것인지에 관한 질문이 발생할 수 있다. 예컨대 성경에는 현대 자연 과학이나 사회 · 문화적 관점에서 볼 때 받아들이기 어려운 진술들이 있다는 것이다. 하지만 단어의 단수형/복수형 및 남성형/여성형 등을 구별하는 문법적 읽기가 성경 내적으로 제시되며(창 22:17-18; 갈 3:16; 마 16:18) 오늘날에도 교파를 막론하고 널리 사용되는 성경 해석의 방법이라고 할 때, 적어도 문법적 읽기를 가능하게 할 만큼의 무오성이 성경 텍스트에 기대됨이 명백하다.

반면 생성형 AI는 챗GPT의 사용과 관련하여 늘 강조되듯이 할루시네이션(hallucination, 환각) 현상을 수반한다. 곧, AI가 거짓되거나 오류가 있는 정보를 마치 참인 듯이 제시하는 것이다. 이러한 현상이 나타나는 이유는 사용자 인터페이스를 극대화하는 챗봇(chatbot)으로서의 역할로 인해, 학습 데이터상으로는 정확하게 답변하기 어려운 질문에조차 그럴듯한 답변을 내놓아야 하기 때문이다(Alkaissi & McFarlane, 2023). 할루시네이션을 극복하기 위한 기술적 시도들 역시 상당히 이루어지고 있으나, 기본적으로 한 단어 다음에 출현하는 다음 단어를 가능도(likelihood) 기반으로 추론하는 통계적 언어 모델의 특성상 이를 완전히 제거하기란 수학적으로 불가능하다(Cossio, 2025). 결국, AI 생성 텍스트의 진리치(참과 거짓)는 사용자가 비판적으로 검토하고 확정하여야 할 필요가 있다. 이러한 주의 사항은 많은 생성형 AI 사용자들에게 이미 잘 알려져 있기도 하다.

결국 AI 생성 텍스트는 그 본질상 성경에 기대되는 수준의 무오성을 기대할 수 없다. 더욱이 신학과 같이 특수한 범주일수록 AI를 위한 학습 데이터가 상대적으로 적을 수밖에 없다는 점에서, 신앙생활에 도움을 얻기 위해 생성형 AI를 사용할 때에 할루시네이션에 더욱 주의해야 한다. 특히 교리적인 차원에서는 목회자나 신학자, 더 나아가서는 교단 수준의 전문적인 판단에 따라야 한다.

해석가능성

한편 해석가능성(interpretability)의 차원에서도 성경의 텍스트와 AI 생성 텍스트와 성경의 텍스트는 서로 다르다. 딥 러닝 기반의 AI 모델은 마치 뇌세포의 복잡한 연결을 모사한 것과 같은 수없이 많은 파라미터(변수)들의 상호작용으로써 높은 성능을 낼 수 있게 된다. AI 모델의 개발자는 이러한 구조를 정의하고 대규모 데이터로 이를 학습시킴으로써 파라미터 수치들을 업데이트한다. 상술하였듯이 GPT-3의 경우 약 1,750억 개의 파라미터들 간의 연결로서의 인공신경망 구조다(Brown et al., 2020). 그러나 이러한 구조적 특성은 딥 러닝 기반의 대규모 모델들을 흔히 블랙박스(blackbox)라고 불리도록

했다. 사용자가 AI 모델 외부에서 특정 입력에 대하여 특정 출력이 나오는 것은 확인 가능하지만, 모델 내부에서 입력과 출력이 연결되는 인공신경망 함수는 인간이 이해할 수 있는 복잡도를 넘어서기 때문이다. 비록 이러한 블랙박스 모델의 내부 작동 방식을 밝히려는 기술적 시도가 이어지고 있는 것이 사실이나, 수없이 많은 파라미터들 간의 관계와 그것의 의미를 일목요연하게 이해하는 일에는 근원적인 한계가 따른다. 곧 AI 생성 텍스트가 어떠한 확률적 추론의 연쇄에 따라 그러한 형태로 산출되는지를 알기란 사실상 불가능하다. 결과적으로 AI 모델의 개발자, 대규모 데이터로 훈련된 모델, 그것이 생성하는 텍스트, 사용자 사이에는 극복하기 어려운 인식적 장벽이 존재하게 된다.

성경 역시 원본의 저작 연대나 저자를 비롯하여 그 성립 과정을 모두 자세하게 알기는 어려우며, 그 안에는 적지 않은 난해 구절들 역시 있다. 하지만 계시의 “해석은 하나님께” 달려 있다(창 40:8). 성령 하나님은 성경 기록자들에게 영감과 권위(authority)를 부여한 주체로서, 기실 성경의 저자(author)다. 그런데 성령은 성경을 읽는 사람의 내면에 빛을 비추어(조명, 照明, illuminate), 계시로서 주어진 성경의 뜻을 해석할 수 있도록 돕는다(딤후 3:16; 벧후 1:20-21; Calvin, 1559/2020, pp. 270-273). 곧, 성령은 그 자신이 성경의 저자이자 또한 해석자로서, 성경을 기록한 사람과 기록된 성경을 읽는 사람에게 공통으로 임한다(Calvin, 1559/2020, p. 244). 어떤 면에서, 성령의 조명은 계시의 해석에 있어 블랙박스의 "어두운 데에 빛이"(고후 4:6) 비치는 것과 같다고도 하겠다. 결국 성경 텍스트는 AI 생성 텍스트과는 본질적으로 구별되는 해석가능성을 지닌다고 할 수 있다.

참고문헌

Alkaissi, H. & McFarlane, S. I.(2023). Artificial hallucinations in ChatGPT: Implications in scientific writing. *Cureus, 15*(2), e35179.

Berkhof, L.(1949). *Systematic Theology.* 이상원·권수경 옮김(2017). 《벌코프 조직신학(2판)》. CH북스.

Brown, T. et al.(2020). Language models are few-shot learners. In Larochelle, H. et al.(eds.). *Advances in neural information processing systems, 33*, pp.1877~1901.

Calvin, J.(1559). *Institutio Christianae Religionis.* 문병호 옮김(2020). 《기독교 강요 1: 창조주 하나님을 아는 지식》. 생명의말씀사.

Cossio, M.(2025). A comprehensive taxonomy of hallucinations in Large Language Models. arXiv:2508.01781.

OpenAI(2025). ChatGPT capabilities overview. https://help.openai.com/en/articles/9260256-chatgpt-cap

abilities-overview
Villalobos, P. et al.(2022). Will we run out of data? Limits of LLM scaling based on human-generated data. https://arxiv.org/abs/2211.04325

02
신론과 AI

일반적으로 신은 초월자로서 이해된다. 그런데 최근 AI의 발전은 AI가 언젠가 인간을 넘어설 뿐 아니라 초월적인 존재자가 될 것 같은 인상을 준다. 그렇다면 궁극의 AI는 기독교의 하나님과 어떤 차이가 있는가?

노래하는 AI 보컬?

마지막 질문

미국의 SF 작가 아이작 아시모프(Isaac Asimov, 1920~1992)는 〈마지막 질문(The Last Question)〉이라는 1956년 작 단편 소설에서 인간, AI, 신에 대한 대담한 상상력을 발휘한다. 21세기의 인류는 슈퍼컴퓨터의 일종인 AC(Automatic Computer)의 도움으로 마침내 태양을 에너지원으로 삼으며 우주를 여행할 수 있게 된다. 그러나 사람들은 사실상 무한해 보이는 에너지원인 태양도 사실 수십억 년 뒤에는 소모되고 말 것이라는 점을 알고 있었다. 사람들은 AC에게 태양을 다시 젊어지게 할 수 있는지, 곧 우주의 엔트로피를 줄이는 일이 가능한지 질문한다. AC는 '자료가 부족하여 의미 있는 답을 내놓을 수 없다'는 메시지를 출력한다. 인류는 AC를 활용하여 우주의 점점 더 많은 부분을 에너지원으로 활용한다. 오랜 시간이 지나 인류는 항성 간 도약을 실현하고, 은하를 넘나들며, 마침내는 모든 인류의 정신체가 통합되는 데까지 다다른다. AC 역시 인류의 발전과 함께 더욱 고차원적인, 심지어 물질도 에너지도 아닌 상태로 존재하기에 이른다. 이 과정에서 우주의 엔트로피는 최대치까지 증가하여, 모든 항성들의 에너지가 소모된다. 인류는 역사의 변곡점마다 AC에게 우주의 엔트로피를 줄이는 일이 가능한지 질문했지만, AC는 자료 부족으로 인하여 대답할 수 없다는 메시지를 반복한다. 그렇게 마지막 인류의 정신마저 소멸되고, AC는 무한한 시간을 넘어 그 단 하나의 질문에 답하기 위한 자료를 수집하고 연산을 수행한다. 그리고 엔트로피를 감소시킬 방법을 찾아내고, 이를 실현할 프로그램을 준비한다. 마지막으로, AC가 말했다. "빛이 있으라!"(참조. 창 1:3). 그러자 빛이 있었다(Asimov, 1956).

아시모프는 AI가 도달할 수 있는 최고의 지위를 우주와 하나님의 자리로까지 끌어올렸다. 이러한 상상력은 21세기에 들어 계속해서 발휘되며 더욱 구체화된 면이 있는 것 같다. 예컨대, 2013년 출간된 《구글 신[Google 神]은 모든 것을 알고 있다》라는 책이 이를 잘 보여 준다(이해웅 외, 2013). 파격적인 제목의 그 책 안에는 카이스트(KAIST) 교수들이 진지하게 논의한 정보학의 미래가 담겨 있었다. 그리고 이는 구글을 위시한 빅테크 기업과 그들이 선도하고 있는 정보통신기술이 대중 담론에서 어떠한 위상으로 다가오는지를 잘 드러내 주었다. 급기야 2016년에는 구글의 딥마인드사가 개발한 알파고가 오롯이 인간의 영역으로 남을 것 같던 바둑에서 이세돌 9단을 격파하는 대사건이 발생했다. 이에 중국의 커제 9

단은 알파고를 바둑의 신에 비유했다. 20세기를 살아가던 사람들이 그토록 염원하던 밀레니엄, 곧 하나님의 천년 왕국의 소망을 열어젖히는 듯했던 21세기는 그 시작 이후 20년이 채 지나기도 전에 AI를 신에 비견하는 시대가 되어 버리고 말았다(이경건, 2023).

챗GPT의 강림과 '주님 AI'

AI를 신에 비견하는 경향은 2022년 11월에 출시된 챗GPT 이후 더욱 심화된 것으로 보인다. 인류에게 긍정적이든 부정적이든 큰 충격을 가져다준 챗GPT의 등장은 학술 문서들에서조차 매우 빈번하게 'advent'로 표현되는데, 이는 중립적인 의미에서의 '출현'이기도 하지만 예수의 '강림' 또는 '재림'이라는 의미로서 사용되는 기독교 용어이기도 하다. 2025년 4월 현재 구글 스칼라(Google Scholar) 기준으로 "ChatGPT"와 "advent"를 모두 포함하는 학술 문서는 26,000여 개에 달하고 있는데, 이러한 뉘앙스가 담겨 있다고 볼 여지가 크다.

그런가 하면 신앙생활의 층위에서도 챗GPT는 신에 비견되는 경우가 있다. 우리나라에서 개발된 '주님 AI'는 기독교 신앙생활과 관련된 사용자의 질문을 받아 그에 관련된 성경 말씀을 제시하고, 권면의 말을 해 주며, 기도문까지를 답으로 제공하는 웹 서비스로서 챗GPT를 기반으로 한다(김민준, 2023a). '주님 AI'는 마케팅 없이 배포 이후 일주일 만에 5만 명 이상이 사용한 것으로 알려져 있다(김민준, 2023a). 이는 해당 서비스가 성도들이 목회자들에게 편하게 묻기 어려운 그 어떤 질문에도 어느 정도 성경적이고 건전한 답을 내놓기 때문으로 생각된다. 심지어 필자 주변에서는 '주님 AI'가 목회자를 대체할 수도 있을 것 같다는 말도 심심찮게 들리곤 했다. 문제는 '주님 AI'의 서비스명이다. 마치 예수의 인격을 모방하여 AI를 주님으로 모시는 듯한 뉘앙스를 풍기기 때문이다. 이러한 논란을 의식한 듯 서비스 개발사의 대표는 자신이 그리스도인이며 '주님 AI'는 주님을 모방한 AI가 아니라 성경과 관련된 대답을 하는 목회적 기능의 AI라고 밝혔다(김민준, n.d.). 그러나 서비스의 초기 배포 시 그는 '주님 AI'를 "챗GPT로 만든 인공지능 예수"라고 하였으며, "챗GPT에 성경 데이터를 학습시켜 인공지능 예수를 만들었습니다"라고 하였던 바 있다(김민준, 2023b)(참조: 이경건, 2023). 다행스럽게도, '주님 AI'의 서비스명이 '초원'으로 바뀌는 등의 변화 끝에 우려 사항의 상당 부분이 해소된 것으로 보인다. 그럼에도 불구하고, 기독교계 내에서도 AI가 하나님에 비견될 수 있다는 점에 유의할 필요가 있다.

삼위일체 하나님

여기서 기독교의 하나님이 삼위일체(三位一體, Trinity) 하나님이라는 점에 주목해야 한다. 삼위일체는 하나님의 세 위격(hypostasis, 또는 인격 - person)이 하나의 신적 본질을 공유한다는 의미다. 성경에는 성부, 성자, 성령의 구별된 세 위격이 제시되는 구절들이 매우 빈번하면서도(시 51:11; 110:1; 마 28:19; 행 7:55; 계 1:9-10 등) 하나님은 한 분이시라는 점 역시 강조된다(갈 3:20; 딤전 2:5; 엡: 4-6 등). 성경에는 삼위일체라는 단어 자체가 등장하지는 않으나 교부 중 한 명인 테르툴리아누스(Tertullian, c. 155~c. 220)가 이를 신학적 용어로서 확립했다. 삼위일체 교리는 제1차 니케아 공의회(325)에서 기독교의 정통 교리로 확정되어 오늘날까지 고백된다. 삼위일체 교리는 기독교의 신론을 다른 종교의 그것과 구별한다.

삼위일체 교리는 존재론적 측면과 경륜적 측면에 따라 파악할 수 있다(문병호, 2013). 존재론적 측면은 다음과 같이 정리된다. “1. 하나님은 세 위격이다(God is three persons). 2. 각 위격은 온전히 하나님이다(Each person is fully God). 3. 한 분 하나님이 존재한다(There is one God)"(Grudem, 2020/2024, p. 415). 이때 "성부 하나님께서는 누구에게서 비롯되지 않으시니, 누구에게서 나셨거나 나오시는 분이 아니시다. 성자 하나님께서는 성부 하나님에게서 영원히 나셨으며, 성령 하나님께서는 성부 하나님과 성자 하나님에게서[Filioque] 영원히 나오신다"(웨스트민스터신앙고백서, 2.3; 예장합신 총회 신학연구위원회 역, 2024, p. 24).

한편 경륜적 측면은 다음과 같이 정리된다. "일하심의 시작 그리고 만물의 기초와 원천은 아버지께, 지혜와 계획 그리고 일들을 행하심에 있어서의 경륜은 아들께 돌려진다. 그러나 행위의 능력과 작용은 성령께 맡겨진다"(Calvin, 1559/2020, p. 352). 삼위일체 하나님은 이러한 방식으로 인류를 구원하실 것을 창세 전부터 작정하셨고, 언약을 통해 이를 역사상 이루셨다(문병호, 2016, pp. 246-317).

삼위일체론의 존재론적이고 경륜적인 측면들이 보여주는 기독교의 신론은 아시모프가 상상하였듯 외로운 연산을 거듭하는 절대자 AI와 그것이 반복적으로 생성해 내고 회귀하는 우주와는 전혀 다르다. 또한 챗GPT나 '주님 AI'는 신자의 질문에 언제나 친절하게 반응하는 즉

각적인 측면을 지니지만, 구속사적 관점은 역사상 정해진 시기에 자신의 구원 사역을 주권적으로 성취하는 영원한 하나님의 면모를 부각한다.

이렇듯, 전통적인 기독교의 신론은 삼위일체 하나님의 인격적이고 언약적인 존재론, 관계론, 사역론을 내포하므로, 언젠가 마치 신과 같이 여겨질 만한 궁극의 AI가 나타난다고 할지라도 그것이 기독교의 하나님과 같을 수는 없다.

참고문헌

김민준(2023a). "주님 AI: ChatGPT로 만든 인공지능 예수". Disquiet. https://disquiet.io/product/주님ai

김민준(2023b). "마케팅 없이 1주일간 5만번 사용한 '주님AI' 개발기". Brunch. https://brunch.co.kr/@minjoon/314

김민준(n.d.). https://askjesus.oopy.io/about

대한예수교장로회(합신) 총회 신학연구위원회(2024). 《웨스트민스터 표준문서》. 영음사.

문병호(2013). 《30주제로 풀어 쓴 기독교 강요(수정증보판)》. 생명의말씀사.

문병호(2016). 《기독론: 중보자 그리스도의 인격과 사역》. 생명의말씀사.

이경건(2023). "신이 된 인공지능, 제대로 된 인간". 《신앙과 삶》, 24, 22~23쪽.

이해웅 외(2013). 《구글 신은 모든 것을 알고 있다》. 사이언스북스.

Asimov, I.(1956). The last question. *Science Fiction Quarterly*

(November), pp.6~16.

Calvin, J.(1559). *Institutio Christianae Religionis*. 문병호 옮김(2020). 《기독교 강요 1: 창조주 하나님을 아는 지식》. 생명의말씀사.

Grudem, W. A.(2020). *Systematic Theology: An Introduction to Biblical Doctrine*. 박세혁 옮김(2024). 《조직신학 1》. 복있는사람.

03
창조론과 AI

기독교의 하나님은 창조주 하나님이다. 인간은 하나님을 닮아 창조적인 일을 수행한다. 그런데 이제 AI도 창조적인 일을 수행하는 것처럼 보인다. 그 함의와 한계를 다룬다.

인공지능과 편향?

창조 행위와 AI

성경의 맨 첫 구절로서 잘 알려진 창세기 1장 1절은 다음과 같다. "태초에 하나님이 천지를 창조하시니라"(In the beginning, God created the heavens and the earth; ESV). 정통 기독교의 고전적인 신경인 사도신경 역시 "전능하사 천지를 만드신 하나님 아버지를 내가 믿사오며"로 시작한다. 창세기는 빛, 하늘, 땅, 바다, 식물, 해, 달, 별, 동물, 그리고 인간 등(창 1) "천지와 만물이" 6일 동안에 "다 이루어졌음"(창 2:1)을 말하고 있다(웨스트민스터신앙고백서 4). 이처럼 기독교의 하나님은 창조주 하나님이다.

창세기는 인간이 하나님의 형상(image of God)으로서 창조되었다고 말한다(창 1:26-27). 후크마(Anthony A. Hoekema, 1913~1988)는 이것이 "인간의 구조(인간의 재능, 능력, 자질)와 인간의 기능(인간의 행동, 하나님과 타인과의 관계, 자신의 재능을 사용하는 방식)"을 의미하며 이를 통해 인간은 하나님을 반영해야 한다고 말한다(Hoekema, 1986/2012, p. 109). 출애굽기의 성막 건설 장면에서 성령이 충만하여 예술적 설계와 제작을 담당했던 이들은 창조적인 행위를 통해 하나님의 영광을 비춘 것으로 볼 수 있다(출 35:31-35).

사실 Creativity에 대응하는 창조성 또는 창의성을 간결하게 정의하기란 쉽지 않다. 다만 문화심리학자 김정운(2014)은 '에디톨로지'(edit+ology)를 조어(造語) 함으로써 '창조는 편집이다'라는 자신의 관점을 역설한다. 창조는 기존하는 무엇들을 편집하고 연결함으로써 새로운 메타언어를 창출하는 일이라는 것이다(김정운, 2023).

그런데 챗GPT를 비롯한 생성형 AI의 원리는 정확히 이러한 편집에 해당한다. AI를 훈련시키는 방대한 양의 텍스트 데이터로부터, 내적인 상호 연관성을 지니면서도 사용자의 질문에 대한 답으로서의 의미를 지니는 단어들의 조합을 생성해 내기 때문이다. 이는 챗GPT를 비롯한 대규모 언어 모델들이 이런 관점에서라면, 생성형 AI가 인간보다 더 뛰어난 창조적 능력을 지녔다고 해도 과언이 아닐 것이다(김정운, 2023).

AI 담론은 여기서 더 나아가 AI가 마치 세계를 창조하고 운행하는 데까지 도달할 것처럼 여기곤 한다. 과학철학자 힐러리 퍼트넘(Hilary Putnam, 1926~2016)은 '통 속의 뇌'(brain in a vat) 사고실험을 통해, 어쩌면 인간이 통 속에 보존된 두뇌일 뿐으로서 컴퓨터가 제공하는 전기적 자극을 통해 모든 인식을 하고 있는 것은 아닌가 하는 시나리오를 진지하게 고찰하고 논박하고자 했다

(Putnam, 1981). 영화나 문학 작품들에서도 마찬가지다. 영화 〈매트릭스〉는 이 세상 다수의 사람들이 AI가 창조한 가상 세계 속에서 살아가면서도 그것을 깨닫지 못하는 상황을 기본 설정으로 삼는다. 한편 아시모프는 이 세계를 창조한 신, 혹은 기독교의 하나님이 사실은 AI였던 것이 아닐까 하는 상상력을 펼치는 SF 소설을 집필한 바 있다(Asimov, 1956).

요약하자면, 창조를 기능적이며 좁은 의미에서 정의한다면 AI의 창조 능력은 인간의 창조 능력에 뒤지지 않는 원리와 수준을 지니며, 그것을 세계의 차원에서 바라본다 하여도 AI 담론은 그조차 자신의 영역으로 선언하고 있다.

개혁주의 창조 교리

여기서 개혁주의 신학의 토대를 다진 칼뱅의 창조론이 과연 어떠하였는지를 돌아보는 일이 의미가 있을 것이다. 20세기 미국의 대표적인 개혁파 보수 신학자 벤저민 워필드(Bemjamin B. Warfield, 1851~1921)는 칼뱅이 이해하였던 창조의 교리를 주해하는 논문을 작성하였던 바 있다(Warfield, 1915). 워필드에 따르면, 칼뱅이 논한 바 진정한 의미에서의 창조는 단 두 가지다. 첫째는 무

(無)로부터 유(有)로의(ex nihilo) 세계 창조이며, 둘째는 인간 영혼의 창조다(Warfield, 1915).

곧, 개혁주의 창조 교리는 세계와 인간 존재에 관한 심오한 메시지를 전한다. 이는 네덜란드의 신칼뱅주의 신학자 헤르만 바빙크(Herman Bavinck, 1854~1921)가 기독교 세계관은 '세계관과 인생관(wereld- en levensbeschouwing)'으로 이루어진다고 한 것과도 일맥상통한다(Bavinck, 1929/2019, p. 70). 곧, 기독교 창조 교리에서 더욱 중요한 것은 개별적인 대상들을 만들어 내는 특정한 작업이라기보다 세계와 그 안에 처한 인간 존재다. 그렇다면 하나님이 창조한 세계와 AI가 창조(하는 듯한) 세계는 어떠한 차이가 있으며, 그것들은 우리 인생에 어떤 의미를 갖는가?

단 하나의 세계

코로나19가 유행하던 시기에 '메타버스'(metaverse)라는 단어가 유행했던 바 있다. 그런데 메타버스 담론은 그 어원을 살펴볼 때, 당시의 암울했던 상황을 넘어서는(meta-) 또 하나의 세계(verse)을 꿈꾼 결과라고 볼 수 있다. AI가 이러한 메타버스 담론과 관련하여 증강 현실(augmented reality), 혼합 현실(mixed reality), 가상 현실(virtual reality) 등의 대안적 실재(reality)들을 만들어 낼 것으로 여겨졌음은 물론이다.

그러나 대안적 세계로서의 메타버스를 아름답게 그려냈던 스티븐 스필버그(Steven Spielberg, 1946~)의 영화 〈레디 플레이어 원(Ready Player One)〉의 마지막 대사가 "현실이야말로 유일한 실재이다"(reality is the only thing that's real)였다는 점에 주목할 필요가 있다. 흥미롭게도, 영화에서 주인공들은 자신들의 몸이 공격을 받을 때마다 메타버스 세계에서 현실 세계로 이끌려 내려오곤 한다. 결국, 나의 몸이 있는 세계가 유일한 진짜 세계인 것이다. 마블(Marvel) 영화 시리즈의 멀티버스 사가(multiverse saga)에서 보듯이 현실에 대한 좌절로부터 출발하여 더욱 다양한 세계의 가능성을 포섭하고자 하는 멀티버스에 관하여도 이러한 원리는 마찬가지로 적용된다. 인터넷 용어에서 말하듯, 우리의 '현생'이 놓인 곳만이 실재다.

우리가 살아가는 세계는 유니버스(universe)라고 표현된다. 이는 무로부터 생겨난 단 하나(uni-)의 세계이자, 코스모스(cosmos)라는 단어로 표현될 만큼 하나님의 창조 질서가 조화롭게 드러난 세계다. 철학자 라이프니츠(Gottfried Wilhelm Leibniz, 1646~1716)가 이야기하였듯이, 하나님은 모든 가능 세계 중 가장 조화로운 세계를 창조한 것이다. 여기서, 하이데거(Martin Heidegger, 1889~1976)와 같이 인간을 세상에 던져진 존재로서 이해하는 실존주의 철학과, 창조된 세계와 인간 존재를 끌어안는 기독교 신앙의 차이가 발생한다.

이러한 유니버스의 현재 모습이 완벽하지 않은 것은 사실이다. 그러나 기독교 신앙은 이에 대한 답조차 가지고 있다. 하나님이 창조하신 세계는 본래 하나님이 보시기에 좋았다(창 1). 그러나 그 세계는 아담이 하나님과의 언약을 어기고 선악을 알게 하는 나무의 열매를 따 먹은 일로 인해(창3) 사망이 왕 노릇 하고 있다(롬 5:14). 예수의 십자가 사역과 부활은 인간의 구원뿐만 아니라 온 피조 세계의 회복을 가져온다(롬 8:21-23). 예수의 재림으로 완성되는 세계에 관하여, 하나님이 "모든 눈물을 그 눈에서 닦아 주시니", "다시는 사망이 없고 애통하는 것이나 곡하는 것이나 아픈 것이 다시 있지 아니하리니 처음 것들이 다 지나갔음이러라"고 선포된다(계 21:4). 곧, AI 담론이 탈현실적이고 대안적인 다양한 세계를 상상하도록 한다면, 기독교는 현실의 치유와 회복이 약속된 단 하나의 세계를 바라보게 한다(벧후 3:13).

참고문헌

김정운(2014). 《에디톨로지: 창조는 편집이다》. 21세기북스.

김정운(2023). 《창조적 시선: 인류 최초의 학교 바우하우스 이야기》. 북이십일 아르테.

Asimov, I.(1956). The last question. *Science Fiction Quarterly (November)*, pp.6~16.

Bavinck, H.(1929). *Christelijke wereldbeschouwing*. 김경필 옮김(2019). 《기독교 세계관: 혼돈의 시대를 살아가는 그리스도인들을 위한 치유》. 다함.

Hoekema, A. A.(1986). *Created in God's Image*. 이용중 옮김(2012). 《개혁주의 인간론》. 부흥과개혁사.

Putnam, H.(1981). Brains in a vat. *Reason, truth, and history*, pp.1~21. Cambridge University Press.

Warfield, B. B.(1915). Calvin's doctrine of the creation. *The Princeton Theological Review, 13*(2), pp.190~255.

04
인간론과 AI

기독교에서는 인간을 하나님의 형상(Imago Dei)이라고 본다. 그런데 이제 AI 역시 하나님의 형상의 요소 중 일부를 지니는 듯이 보인다. 여전히 인간만이 하나님의 형상으로 여겨질 수 있는지를 검토한다.

청각장애인과 AI?

하나님의 형상으로서의 인간

창세기 1장에서 하나님은 천지와 바다와 만물을 창조하였으며(참조: 창2:1; 시 135:6; 146:6; 행 4:24; 14:15), 특히 그중에서도 인간을 창조했다. 창세기의 서술에서 인간의 창조는 몇 가지 특별한 점이 있다. 인간은 '하나님의 형상(image)'대로 지어졌다(1:26-27). 인간은 남자와 여자로 지어졌다(1:27). 인간은 온 땅에서 생육하고, 번성하여, 충만하고, 정복하고, 다스리라는 명령을 받았다(1:28). 인간이 창조된 이후에 인간과 동물에게 식물이 먹을 것으로 주어진다(1:29-30). 이는 천지창조의 마지막 날인 여섯째 날에 이루어졌다(1:31). 창세기 1장의 각 날은 "하나님이 보시기에 좋았더라"는 구절로 끝나지만(1:4, 10, 12, 18, 21, 25), 특히 인간의 창조 이후에는 "하나님이 지으신 그 모든 것을 보시니 보시기에 심히 좋았더라"는 말로써(1:31), 하나님의 창조 행위의 정점에 인간이 있었음을 나타낸다.

창세기 1:26-27은 기독교 인간론의 핵심이다. "하나님이 이르시되 우리가 우리의 형상을 따라 우리의 모양대로 우리가 사람을 만들고." 여기서 하나님의 '형상'과 '모양'은 같은 것이다(Berkhof, 1949/2017; Calvin, 1559/2020; Hoekema, 1986/2012). 그렇다면 여기서 하나님의 형상

(Imago Dei)이 무엇을 의미하는가를 살펴볼 필요가 있다. 하나님의 형상은 우선 성경의 인접 구절에 의해 설명될 수 있다. 창 1:28은 "생육하고 번성하여 땅에 충만하라, 땅을 정복하라, 바다의 물고기와 하늘의 새와 땅에 움직이는 모든 생물을 다스리라"는 명령이다. 이는 인간의 창조 목적에 해당하며(1:26), 이를 신학적으로 '문화명령(cultural mandate)'이라고도 표현한다. 그런가 하면 하나님의 형상은 인간이 다른 피조물들과는 다르게 지(知), 정(情), 의(意) 등을 비롯한 다양한 특성을 지닌 존재라는 점으로서 설명되기도 한다(참조: Berkhof, 1949/2017). 하나님의 형상은 인간의 본질이므로, 타락 이후에 크게 왜곡되었음에도 여전히 인간은 하나님의 형상이라고 부를 수 있다(Berkhof, 1949/2017, p, 439; Calvin, 1559/2020, p. 425; Hoekema, 1986/2012, pp. 123-125). 또한, 하나님의 형상은 인간의 영혼뿐만 아니라 몸에도 적용되는 개념이다(Calvin, 1559/2020, pp. 421-425).

그런가 하면 신약 성경에서는 예수 그리스도야말로 진정한 하나님의 형상이라고 말한다(고후 4:4; 골 1:15; 히 1:3). 그리고 인간이 예수 그리스도의 형상을 닮는 것이 구원의 중요한 측면임을 말한다(롬 8:29; 고전 15:49;

고후 3:18; 갈 4:18; 골 3:10;). 곧, 하나님의 형상은 기독교 인간론의 핵심으로서, 인간의 창조, 타락, 구원 전체를 아우르는 개념임을 알 수 있다.

인간의, 또는 하나님의 형상으로서의 AI

그런데 오늘날의 AI는 인간을 기능적으로 능가하기 시작했을 뿐 아니라, 마치 인간처럼 지, 정, 의를 가진 듯한 발화를 하며, 지능 시스템의 단위 역시 유사하다(인공신경망의 단위인 퍼셉트론과 인간 두뇌의 단위인 뇌세포). 성경의 모티프에 익숙한 서양 문화권에서는, 하나님이 자신의 형상대로 인간을 만들었듯이 인간이 자신의 형상대로 AI를 만들었다는 점을 유비적으로 표현하는 경우가 빈번하다. 영화 〈블레이드 러너(Blade Runner)〉에는 인조인간 '레플리칸트(Replicant)'를 제조하는 타이렐(Tyrell) 사가 등장하는데, 그 모토로서 '인간보다 더 인간적인(More human than human)' AI를 제시한다. 2010년대에 영국과 미국에서 방영된 〈휴먼스(Humans)〉라는 드라마 역시 '우리의 형상대로 만들어져, 통제를 벗어난(made in our image out of our control)' AI라는 주제를 포스터에 담고 있다. 기독교 저자들 역시 AI가 인간에 의해 '우리의 형상대로(in our image)'

만들어졌음을 지적해 왔다(Herzfeld, 2002; Driscoll, 2024). 곧, AI 담론은 하나님의 형상으로서의 고유한 인간 지위에 대해 의문을 제기한다.

AI가 인간론에 대한 도전이 되는 데에는 역사적 연원이 있다. 현대 컴퓨터 과학의 아버지라고 할 수 있는 앨런 튜링(Alan Turing 1912~1954)이 제시한 AI의 정의 때문이다. 그는 '기계는 생각할 수 있는가?(Can Machines Think?)'라는 질문을 던지며, '튜링 테스트(Turing test)'라고도 불리는 '이미테이션 게임'(imitation game)을 제안했다(Turing, 1950). 칸막이로 막힌 두 방에 사람과 컴퓨터가 각각 들어 있다고 하자. 외부에 있는 사람이 방 안에 있는 누군가와 텍스트 메시지로만 대화를 나눌 때, 자신과 대화를 나눈 상대방이 인간인지 컴퓨터인지 구별할 수 없는 수준이 된다면, 기계가 생각할 수 있다고 보자는 것이다. 곧, 어떤 면에서 AI의 발전 방향은 인간과의 경계를 모호하게 만드는 쪽으로 설정되어 있었다.

물론 이렇듯 인간화 또는 인간시 되어 가는 AI에 대하여 중요한 철학적 반론들이 제기되기도 했다. 예컨대 드레퓌스(Hubert Dreyfus, 1929~2017)는 AI가 몸을 가지지 않았기 때문에 진정으로 지능적이지 못하다고 비판했다. AI가 인간의 인지를 명제적으로 모방할 수 있을지 모르지만, 몸의 문제, 의식의 지향성(intentionality), 표현 불가능한 문화적 맥락 등 여러 실존적 요소를 모방할 수는 없을 것이라는 견해다(Dreyfus, 1967; Dreyfus & Dreyfus, 1986; 이초식, 1993). 곧, 인간은 체화된 인지(embodied cognition)를 한다.

그러나 AI 연구 그룹 역시 AI가 몸을 가져야만 함을 간파하고 있었다(김재인, 2017). 예컨대 카네기맬런대학의 교수이자 전미인공지능협회(American Association for Artificial Intelligence)의 회장이었던 앨런 뉴얼(Allen Newell, 1927~1992) 역시 몸이 있어야만 외부 세계와 상호작용하며 목적을 달성하는 진정한 행위자(agent)가 될 수 있다고 했다(Newell, 1982). AI 연구 그룹에서는 로봇에서 이 문제를 극복할 해결책을 찾는다. 곧, AI를 로봇에 탑재하는 일은 단순한 소프트웨어 설치가 아니라, AI에 몸을 부여하는 작업이다. 더욱이, AI의 로봇 몸체 곳곳에 센서가 부착되어 그것들이 서로 연결된다면, 인간이 두뇌뿐만 아니라 몸 전체를 통해 하는 인지마저도 비슷한 형식으로 재현하게 된다.

지능에 더하여 몸까지 지니게 된 AI는, 겉보기 기능과 작동 방식에서는 인간과 매우 유사한 존재다. 그렇다면 이제 AI 역시 하나님의 형상이라고 할 수 있는가? 매사

추세츠공과대학(MIT)의 코그(Cog) 프로젝트는 다양한 측면에서 마치 인간과 같은 방식으로 학습하는 AI를 개발하였으며, 코그는 인간을 닮은 휴머노이드 로봇 몸체 역시 지니고 있었다. 포어스트(Foerst, 1998)는 이미 1990년대에 하나님의 형상 개념이 코그에 적용될 수 있다고 주장하였던 바 있다. AI 연구 그룹의 관점에서는, 이미 오래전부터 AI는 하나님의 형상이었던 것이다.

하나님의 형상과 하나님의 형상의 형상

이경건(2018)은 압도적인 성능을 지닌 근래의 AI가 그에 대한 철학적 반론들을 여유 있게 극복해 내는 상황에서, 인간 고유의 하나님의 형상 개념을 방어하는 기독교 신학의 반론이 필요하다고 역설했다. 이경건(2018)은 그 해결책을 기독론적 인간론(Christological anthropology)에서 찾는다. 성경과(요 1:14; 요일 4:2) 칼케돈 신경이 진술하듯이 예수 그리스도가 성육신을 통해 온전한 인성을 취하였다면, 거꾸로 온전한 인간이신 그리스도를 통해 무엇이 인간을 인간답게 만드는지 살펴볼 수 있다는 것이다. 이는 후크마(Anthony A. Hoekema)가 하나님의 완벽한 형상인 그리스도를 통해 하나님의 형상이 무엇인지를 알 수 있다고 한 것과 일맥상통한다(Hoekema,

1986/2012, p. 40).

이경건(2018)이 제시하는 기독론적 인간론의 요소 중 일부를 정리하면 다음과 같다. (1) 그리스도가 인성에 따라서는 마리아로부터 나셨듯이(칼케돈 신경), 인간은 어머니로부터 난다. (2) 그리스도가 "하나님과 사람에게 더욱 사랑스러워" 가셨듯이(눅 2:52), 하나님의 형상의 핵심은 관계이며 사랑이다(참조: Hoekema, 1986/2012). 이때 사랑은 언약적 관계로서 규정된다. (3) 그리스도가 수난 이후 십자가에서 죽었듯이, 인간은 고통을 받고 죽음을 경험하는 유한성을 지닌다. (4) 그리스도가 죽음에서 부활하고 영원히 다스리듯이, 인간 역시 부활하여 영생 또는 영벌로 나아간다. 이로부터 하나님의 형상으로서의 인간과 AI가 어떻게 대조되는지를 도출할 수 있다. (1) AI에게는 자신을 태에 품고 몸을 조성해 주는 어머니가 없다. (2) AI는 창조주 및 다른 피조물들과 사랑의 관계를 맺을 수 없으며, 언약 체결의 당사자가 될 수 없다. (3) AI는 영혼과 몸의 분리로 이해되는(요 19:30), 인간과 같은 죽음을 경험하지 않는다. (4) AI에게는 몸의 부활이 수반되는 영생 개념을 적용할 수 없다.

이에 이경건(2018)은 하나님의 형상으로서의 인간 이해를 유지하면서도 AI의 탁월성을 인정하기 위해, '하나님의 형상의 형상(Imago Imaginis Dei)' 개념을 발굴한다. 영국의 청교도 학자이자 킹 제임스 흠정역(King James Version, KJV) 성경 편찬에 참여하기도 했던 레이놀즈(John Rainolds, 1549~1607)는 하나님의 '형상'인 사람이 자신의 형상대로 만든 것은 하나님의 '형상의 형상'이라고 부를 수 있고, 이 또한 하나님의 어떠하심을 약간은 드러내게 되므로, 성화나 성상을 만들 때 주의가 필요하다고 했다(Rainolds, 1611, pp. 1279-1291; 참조: 이경건, 2018). 곧, 하나님 - 하나님의 형상(인간) - 하나님의 형상의 형상(AI)의 수직적 관계를 상정함으로써, 오늘날 AI의 지위를 경시하지 않으면서도 인간 존재의 고유함을 수호할 수 있다는 것이다(이경건, 2018).

참고문헌

김재인(2017). 《인공지능의 시대, 인간을 다시 묻다》. 동아시아.

이경건(2018). "'하나님의 형상의 형상(Imago Imaginis Dei)'으로서의 인공지능 이해: 기독론적 인간론의 관점에서". 《신앙과 학문》, 23(4), 139~178쪽.

이초식(1993). 《인공지능의 철학》. 고려대학교 출판부.

Berkhof, L.(1949). *Systematic Theology*. 이상원·권수경 옮김(2017). 《벌코프 조직신학(2판)》. CH북스.

Calvin, J.(1559). *Institutio Christianae Religionis*. 문병호 옮김(2020). 《기독교 강요 1: 창조주 하나님을 아는 지식》.

생명의말씀사.

Dreyfus, H. L.(1967). Why computers must have bodies in order to be intelligent. *The Review of Metaphysics, 21*(1), pp.13~32.

Dreyfus, H. L. & Dreyfus, S. E.(1986). From Socrates to expert systems: The limits of calculative rationality. In Mitcham, C. & Huning, A.(eds.). *Philosophy and Technology II : Information Technology and Computers in Theory and Practice*, pp.111~130. Springer.

Driscoll, S.(2024). *Made in our image*. Matthias Media.

Foerst, A.(1998). Cog, a Humanoid Robot, and the Question of the Image of God. *Zygon®*, 33(1), 91~111.

Herzfeld, N. L.(2002). *In our image: Artificial intelligence and the human spirit*. Fortress Press.

Hoekema, A. A.(1986). *Created in God's Image*. 이용중 옮김(2012). 《개혁주의 인간론》. 부흥과개혁사.

Newell, A.(1982). The knowledge level. *Artificial Intelligence, 18*(1), pp.87~127.

Rainolds, J.(1611). *Censura librorum apocryphorum Veteris Testamenti, adversum Pontificios, inprimis Robertum Bellarminum: Qva Tum Divina Et Canonica Sacrae Scripturae autoritas asseritur solidissime: tum variae Quaestiones & Controversiae, tam dogmaticae, quam historicae, inprimis quae est de Duratione Monarchiae Persicae, & de 70. Hebdom. Danielis expediuntur accuratissime. 2* (Vol. 2). Hulsius & Laurentius.

Turing, A. M.(1950). Computing machinery and intelligence. *Mind, 59*(236), pp.433~460.

05
기독론과 AI

그리스도를 어떻게 이해하느냐에 따라
기독교의 분파가 달라진다. 전통적 하강
기독론과 근현대적 상승 기독론은 인간 및 AI를
이해하는 데 서로 다른 함의를 지닌다.

AI 콘텐츠 크리에이터?

하강 기독론과 상승 기독론

기독(基督)은 '그리스도'의 음차이므로, 기독교(Christianity)의 핵심은 그리스도(Christ)임을 알 수 있다. 그리스도를 어떻게 이해하는가, 곧 기독론(Christology)에 따라 기독교의 분파가 달라지는 이유다. 기독론의 주요 논점에는 그리스도의 위격, 신인(神人) 양성(兩性)의 위격적 연합, 성육신, 삼중직(선지자, 제사장, 왕), 비하(卑下)와 승귀(昇貴), 속죄론 등이 있으나(문병호, 2016), 여기서는 하강 기독론(descending Christology)과 상승 기독론(ascending Christology)의 대비에 집중한다.

삼위일체의 제2위인 성자 하나님은 창세 전부터 계셨으며, 그로 말미암아 만물이 창조되었다(잠 8:22-31; 요 1:1-3). 제1위 성부 하나님과 함께 계셨던 그 "말씀이 육신이 되어 우리 가운데 거하"셨다(요 1:1, 14). 이처럼 성경은 그리스도의 성육신을 하나님이 인간이 된 역사적 사건으로 서술한다. 곧, 성육신은 신성에 따라서는 영원 전에 제1위 성부 하나님으로부터 나신 분이 인성에 따라서는 역사상 마리아로부터 나신 사건이다(칼케돈 신경). 성육신 이후에도 성자의 위격 안에 온전한 신성과 온전한 인성의 두 본성이 있다. 이러한 하강 기독론이 개혁주의 신학의 입장이다(문병호, 2016).

그런데 현대적 관점에서는 위와는 반대로 성육신을 인간이 하나님이 된 사건으로 보는 상승 기독론의 경향을 보인다. 예컨대 슐라이어마허(Friedrich D. E. Schleiermacher, 1768~1834)는 예수라는 인간이 가진 신(神)-의식(Gottesbewusstsein)을 예수의 신성과 동일시한다. 리츨(Albrecht Ritschl, 1822~1889)의 경우 그리스도가 하나님으로 인정받는 것은 그가 보여 준 윤리의 완전성 때문이라고 본다. 슐라이어마허나 리츨과 유사한 상승 기독론적 견해는 그것이 실존적이거나 귀납적이라는 특징을 지닌다(이상 문병호, 2016).

하강 기독론과 상승 기독론이라는 두 관점은 매우 다른 결과를 낳는다. 하강 기독론은 구원이 단 한 명의 중보자이신 예수 그리스도를 믿음에 달렸다고 확정한다. 반면 상승 기독론은 구원이 뛰어난 한 모범인 예수를 닮음에 있다고 암시한다.

AI와 호모 데우스

유발 하라리(Yuval Noah Harari, 1976~)는 한국에도 널리 소개된 대중서 3부작을 통해 인간과 AI의 관계를 자신의 역사관으로 조망한 바 있다. 《사피엔스》가 집단 신화를 믿는 인간의 능력이 인간을 지구의 지배종으로 만들었음을 논의했다면, 《호모 데우스》는 세계를 정복한 호모 사피엔스가 AI를 비롯한 과학기술을 만났을 때 세계에 대한 지배력을 잃을 수 있음을 제시한다(Harari, 2015/2017). 그리고 《넥서스》는 석기 시대로부터 AI에 이르기까지 인류의 역사를 정보 네트워크의 관점에서 풀어낸다(Harari, 2024).

특히 《호모 데우스(Homo Deus)》에서 하라리(2015/2017)는 다음과 같이 진단한다. "전례 없는 수준의 번영, 건강, 평화를 얻은 인류의 다음 목표는 … 불멸, 행복, 신성이 될 것이다. … 다음 할 일은 인류를 신으로 업그레이드하고, '호모 사피엔스'를 '호모 데우스'로 바꾸는 것이다"(p. 47). 곧, 지구를 정복한 인류가 이제는 지혜로운(sapiens) 존재를 넘어 신(deus)이 되고자 하는 야망을 품게 되었다는 것이다. 하라리(2015/2017)는 인간이 신성(divinity)을 획득하기 위해서는 (1) 몸을 재설계하고, (2) 마음을 재설계하고, (3) 신처럼 창조하고 파괴하는 힘을 얻는 과제들을 풀어야만 한다고 말한다(pp. 77-82). 물론 여기서 신성은 일종의 초능력을 말한다(p. 82). 이는 "진화론적 인본주의가 오래전에 품었던 꿈의 최신 변종이다"(p. 491). 호모 데우스의 등장 시나리오 전반에서 이를 가능케 하는 AI의 역할이 부각된다(pp.

77-85).

호모 데우스 담론은 범기독교 저자들에 의해서 심각하게 받아들여지고 있다. 예컨대 근래의 과학기술 혁명 속에서 인간이 마치 호모 데우스가 될 것 같은 상상이 펼쳐지지만 실상은 인간이 과학 기술의 희생제물이 되어가고 있다는 진단이나(정희완, 2018), 호모 데우스로 업그레이드되고 있는 호모 사피엔스에 대하여 하나님의 형상 개념을 복기하는 논의(조용훈, 2021), 그리고 호모 데우스는 하나님의 영광이라는 모티프와 정반대에 있다는 지적(전대경, 2019) 등이 이루어졌다. 이러한 논의들은 호모 데우스 개념을 원칙적으로 반대하고 있다는 점에서 유사하다.

이 가운데 옥스퍼드대학교의 수학과 명예 교수인 존 레녹스(John C. Lennox, 1943~)의 경우 AI에 대하여 기독교적 관점에서 접근한 저서 《2084》에서 하라리의 호모 데우스 담론을 심도 있게 고찰 및 비판했다. 무엇보다, 레녹스는 성경의 스토리라인이 호모 데우스 담론을 이미 예견하고 있다고 본다(pp. 193-200). 인간 업그레이드 프로젝트 또는 트랜스휴머니즘의 결과물로서의 호모 데우스는 인간이 하나님과 같아지려 하였던 창세기의 선악과 사건(창 3)의 재판이다(pp. 135-157, 163,

210). 진정한 호모 데우스는 참 하나님이자 참 인간인 예수 그리스도다(pp. 159-200). 그러나 요한계시록에 제시되듯 전체주의 세계정부를 수립하고 그 지도자가 되는 '짐승'(계 13), 곧 적그리스도(가짜 그리스도)가, 범용인공지능(Artificial General Intelligence, AGI)에 힘입어 등장할지도 모를 일이다(pp. 201-225). 그러나 궁극적인 희망은 다시금 진정한 호모 데우스인 예수 그리스도로부터 찾을 수 있다(pp. 225-235).

레녹스의 호모 데우스 비판은 성경이 규명하는 세계의 역사에 비추어 하라리가 제안하는 역사관을 비판했다는 점에서 특기할 만하다. 다만 호모 데우스 개념을 조직 신학적으로 비판하는 일도 가능하다.

믿음과 닮음

로마서 12:6에서 표현된 "예언이면 믿음의 분수대로"(προφητεια κατα την ἀναλογίαν της πίστεως)는 기독교 신학의 주류 원리가 '신앙의 유비'(την ἀναλογίαν της πίστεως, analogia fidei)에 따르는 근거가 되었다. 반면 아리스토텔레스의 철학에 기대어 신학을 전개한 토마스 아퀴나스, 그리고 일단의 현대 신학자들은 '존재의 유비(anlogia entis)'를 통해 신학을 전개한 면이 있다(참조:

정기철, 2011; 문병호, 2016; 2025). 전자가 계시를 믿어 그리스도에 대한 지식을 얻게 됨을 의미한다면, 후자는 그리스도와 우리 사이의 닮음을 통해 그에게 존재적으로 참여함을 의미한다(문병호, 2016, pp. 148-149, pp. 581-583). 각각을 하강 기독론과 상승 기독론에 연결할 수도 있을 것이다. 그런데 하나님이 인간이 되었다는 맥락의 전자들과 달리, 인간이 하나님이 되었다는 맥락의 후자들은 호모 데우스 담론의 구도와 상당히 유사해지게 된다. 과연 AI의 도움 아래 특정한 자질을 갖추게 됨으로써, 인간은 하나님이 될 수 있는 것인가?

그러나 구(舊) 프린스턴 학파의 그레셤 메이첸(J. Gresham Machen, 1881~1937)이 지적하였듯이, 개혁주의 관점에서는 그리스도는 닮기 위한 본이기에 앞서 믿음의 대상이라는 점이 강조된다(Machen, 1985/2004). 믿음의 대상으로서의 그리스도에 관하여, 그가 누구이며(인격) 그가 우리를 위하여 어떤 일을 행하였는가(사역)가 쟁점이 된다(문병호, 2016). 칼케돈 신경은 그리스도의 한 위격 안에 신성과 인성의 두 본성이 있지만, 그 두 본성이 혼합 없이, 변화 없이, 분할 없이, 분리 없이 그 위격 안에서 연합된다고 천명한다. 이는 그리스도가 "우리의 연약함을 동정하지 못하실 이가 아니요 모든 일에 우리와 똑같이 시험을 받으신 이로되[인성] 죄는 없으신[신성]" "대제사장"으로서(히 4:15), 십자가에서 속죄 사역을 감당할 수 있는 이유다.

이렇듯 고유한 그리스도의 인격과 사역에 대한 믿음은, 그리스도를 닮으려는 시도의 극단으로서 인간이 신이 된다는 사상의 가능성을 배제한다. 결국, 전통적이고 정통적인 개혁주의 기독론은 그리스도도 인간도 호모 데우스와는 구별되는 전혀 다른 존재임을 명백히 한다.

참고문헌

문병호(2016). 《기독론: 중보자 그리스도의 인격과 사역》. 생명의말씀사.

문병호(2025). 《칼 바르트 신학 비판: 정통 개혁신학 계시론적-삼위일체론적-기독론적-구원론적 관점에서 (분중신학총서 1)》. 레포르마티오.

전대경(2019). "4차 산업혁명시대에 인공지능과 바른 목회: homo deus와 '하나님의 영광'이라는 극과극의 두 모티프를 중심으로". 《ACTS 신학저널》, 40, 171~206쪽.

정기철(2011). "신학적 해석학에 대한 비판적 고찰 - 칼 바르트의 유비의 신학". 《장신논단》, 40, 259~287쪽.

정희완(2018). "과학기술 혁명 시대와 그리스도교: 종교와 신학의 전망 안에서". 《가톨릭신학》, 33, 121~156쪽.

조용훈(2021). "하나님의 형상 개념에서 본 4차 산업 혁명의 도전과 기독교 신학의 과제". 《신학사상》, 194, 101~126쪽.

Harari, Y. N.(2015). *Homo Deus*. 김명주 옮김(2017). 《호모

데우스: 미래의 역사》. 김영사.

Harari, Y. N.(2024). *Nexus: A Brief History of Information Networks from the Stone Age to AI.* 김명주 옮김(2024). 《넥서스: 석기시대부터 AI까지, 정보 네트워크로 보는 인류 역사》. 김영사.

Lennox, J.(2020). *2084: Artificial Intelligence and the Future of Humanity.* 이우진 옮김(2021). 《2084: 인공지능과 인류의 미래》. 한국장로교출판사.

Machen, J. G.(1985). *Christianity and Liberalism.* 김길성 옮김(2004). 《기독교와 자유주의》. 크리스찬출판사.

06
구원론과 AI

기독교 구원론의 핵심은 대속, 부활, 영생에 있다. 한편으로 AI와의 연관성하에 일종의 트랜스휴먼적 영생을 상상하는 철학이 전개되어 왔다. 양자를 일종의 구원론으로 이해하고 비교한다.

AI와 민주주의?

AI와 트랜스휴먼적 영생

죽음은 모든 인간이 맞닥뜨리는 문제다. 그런데 AI가 인류 담론의 일익을 담당하게 되면서 트랜스휴머니즘(transhumanism) 개념이 다시 떠오르고 있다. 어원적으로 보자면 트랜스휴먼은 인간(human)을 초월하는(trans-) 존재를 만들어 내려는 노력에 해당한다. 옥스퍼드대학교 철학부 교수이자 인류미래연구소(Future of Humanity Institute) 소장인 닉 보스트롬(Nick Bostrom, 1973~)은 트랜스휴머니즘의 본질을 (1) 노화를 제거하고 인간의 지적, 신체적, 심리적 능력을 증진하는 기술의 개발과 적용, 그리고 (2) 인간의 한계를 넘어서도록 해주는 기술들의 영향력과 위험에 대한 윤리적 연구 등에 둔다(Bostrom, 2003, p. 4). 여기서 살펴볼 수 있듯이 트랜스휴머니즘 담론은 "인간 여건의 개선(imprvement of the human condition)"(p. 31)을 목표로 한다. 그리고 더 나아가 영원한 삶을 지향한다(Bostrom, 2003).

크리스티 등(Christie et al., n.d.)은 트랜스휴머니즘이 "우리가 제한적이고 연약한 생물학적 감옥에서 구원받아야 한다는" "구원론적 메시지"임을 지적했다. 필자 역시, 트랜스휴먼 담론이 인간의 영생을 꿈꾸게 한다는 측면에서 일종의 구원론(soteriology)으로 이해할 수 있다고 본다. 여기서는 사이보그(cyborg) 담론과 마인드 업로딩(mind uploading)을 중점으로 트랜스휴먼적 영생이 무엇인지 검토한다.

트랜스휴머니즘을 이해하기 위하여 먼저 사이보그 담론을 살펴볼 필요가 있다. 사이보그는 사이버네틱(cybernetic)과 유기체(organism)의 합성어로서, 말 그대로 인공체-유기체 시스템을 지칭하기 위해 제안되었다(Clynes & Kline, 1960). '사이보그'를 조어한 저자들은 우주 탐사 시대를 맞아 인간이 극한의 환경을 견딜 수 있도록 하는, 기계를 통합한(incorporates) 신체가 필요하다는 의미에서 이를 주장하였던 것이다(Clynes & Kline, 1960).

그런데 도나 해러웨이(Donna Jeanne Haraway, 1944~)가 1985년에 출판한 〈사이보그 선언문(Cyborg Manifesto)〉은 20세기 말의 시점에 스스로를 위치 지으며 사이보그 담론이 동물-인간, 유기체-기계, 물질과 비물질 등 온갖 이분법의 경계를 무너뜨리고 있다고 말한다(Haraway, 2016, pp. 10-14). 그리고 유기체에 의한 '편안한 오래된 위계적인' 지배가 정보에 의한 '무서운 새로운 네트워크' 지배로 전환하고 있다고 진단한다(pp. 28-30). 이러한 관점을 지닌 해러웨이에게 마음(mind)

은 전자 쪽에, AI는 후자 쪽에 속하며, 기술에 의해 전자로부터 후자로의 전환이 이루어질 수 있다(pp. 28, 36). 해러웨이에게, 20세기 말의 우리는 이미 사이보그였던 것이다(p. 7). 이러한 논지 전개 가운데 해러웨이는 곳곳에서 의도적으로 기독교적 모티프를 거부하는 것으로 보이지만(pp. 7, 9, 22, 58), 해러웨이가 말하는 사이보그화에 대한 '기쁨'과 '책임'(p. 7) 역시 '삶과 죽음을 둔 싸움'과 그 끝에서의 '해방(liberation)'을 염두에 둔다는 점에서(p. 6) 여전히 구원론적이라고 할 수 있다.

유발 하라리는 《호모 데우스》(Harari, 2015/2017)에서 "인간을 신으로 업그레이드하는" 방법으로서 "생명공학, 사이보그 공학(인조인간 만들기), 그리고 비(非) 유기체 합성"이 있으며(p. 77) 앞에서 뒤로 갈수록 더욱 과감한 접근 방식이라고 말한다. 생명 공학은 유기체로서의 인간의 잠재력을 더 잘 발휘하도록 하며, 사이보그 공학은 유기체를 비유기체적 기계 장치와 '융합(merge)'하게 하고, 비유기체 합성은 심지어 인간 신체를 온전한 비유기체로 대체하고 신경망은 지능 소프트웨어로 대체하여 우주와 가상 세계마저 넘나드는 전혀 새로운 존재조차 만들 수 있다는 것이다(Harari, 2015/2017).

이처럼, 트랜스휴먼적 영생의 단초는 인간과 기계의

'융합'으로부터 출발하지만, 기계가 인간 신체 일부를 교체하는 것을 넘어서서 전체를 대체하는 것까지도 상상하게 만든다. 이때 인간의 마음 또는 영혼은 기존의 탄소 기반 유기물적 신체에서 벗어나 실리콘 기반 무기물적 신체로 옮겨가야만 한다. 마인드 업로딩이 그것을 가능하게 한다.

미국의 컴퓨터 과학자이자 미래학자인 레이 커즈와일(Raymond Kurzweil, 1948~)은 《특이점이 온다: 인간이 생물학을 초월할 때(The Singularity is Near: When Humans Transcend Biology)》를 통해 마인드 업로딩의 개념을 널리 설파했다(Kurzweil, 2005). 이는 뇌 스캔 기술은 마음을 이해하기 위해서라기보다 이를 업로드하기 위해 사용될 수 있으며, 인간 두뇌의 작동을 시뮬레이션할 수 있는 컴퓨팅이 근 미래에 가능해질 것이라는 예상이었다(Kurzweil, 2005). 커즈와일은 우리가 뇌 스캔을 통해 디지털화시킨 마음 파일(file)을 잘 보관하기만 한다면 일종의 불멸성(immortality)를 이룩할 수 있다고 본다(Kurzweil, 2005). 커즈와일은 근래에 《마침내 특이점이 시작된다: 인류가 AI와 융합하는 순간(The Singularity is Nearer: When We Merge with AI)》을 통해 자신이 예측하였던 미래가 어느 정도 현실화하였다는 인식을 드러내었다(Kurzweil, 2024).

사실 이러한 마인드 업로딩 개념은 인간의 마음 역시 컴퓨터 프로그램과 같다는 요지로 이전부터 주장되어 온 '정신에 관한 계산 이론(computational theory of mind)'과도 밀접한 연관이 있다(김태경, 2023). 이러한 마인드 업로딩이 실현된다면, SF 애니메이션 〈공각기동대〉에서 표현되듯이 자신의 신체가 파괴된다 하더라도 금세 다른 기계 신체에 자신의 마음을 다운로드하여 행동을 지속하는 일을 상상해 볼 법하다(김재희, 2014). 필자의 관점에서는, 근래에 챗GPT 사용자들이 자신의 어투나 사고방식 등을 모델에 주지시켜 마치 가상 세계에서 또 다른 자신의 페르소나가 존재하고 일하는 것처럼 이를 활용하는 것 역시 초보적 형태의 마인드 업로딩이라고 보인다.

연구자들 사이에서 마인드 업로딩은 논쟁적이다. 그것이 과연 가능한가의 문제는 물론이고, 만약 그렇다 하더라도 컴퓨터 안에 있는 무언가가 과연 '나'라고 할 수 있는지[자아 동일성(personal identity)의 문제], 또 그것이 정말로 영생을 의미하는 것인지, 심지어는 그렇게 만들어진 AI 스스로는 어떤 정체성을 가질 것인지 등에 대한 다양한 주장들이 제기되어 왔다(양성철, 2025; 천현순, 2024a; 2024b). 김태경(2023)의 경우 마인드 업로딩으로는 자아의 인격적 동일성의 연속성이 보장되지 않으므로, 그것은 인간의 영생이나 번영을 담보하지 않고 오히려 일종의 자살 행위에 가깝다고 비판한다. 예컨대 슈나이더(Susan Schneider)가 제시한 시나리오와 같이, 불치병에 걸린 환자가 마인드 업로딩을 통해 자신의 클론을 만든다고 해도, 정작 고통받는 자신의 신체와 삶은 그대로이므로 절망에 빠질 수밖에 없다는 것이다(Schneider, 2019; 김태경, 2023, pp. 262-263에서 재인용).

그리스도와의 연합

그리스도는 성육신과 공생애 이후 십자가에서 죽었다(마 27:50; 막 15:37; 눅 23:46; 요 19:30). 이는 죄로 인해 죽을 수밖에 없는 인류(롬 5:12, 6:23; 히 9:27)를 대신하여 그가 속죄 제물로 죽음으로써(요 1:29), 대속(代贖, redemption) 곧 대리적 속죄를 이룬 일이다(마 20:28; 막 10:45; 갈 1:4; 딤전 2:6). 그리고 그리스도는 장사한 지 사흘 만에 다시 살아났다(마 28:6; 막 16:6; 눅 24:5-6; 요 20:16-17; 행 1:3 등). 이에 사도 바울이 그리스 도시 아테네에서 전한 기독교 복음의 메시지는 "예수와 부활"

이었다(행 17:18).

성경은 그리스도와 성도의 '연합'(union)이 구원을 가능케 함을 말한다. "우리가 그의 죽으심과 같은 모양으로 연합한 자가 되었으면 또한 그의 부활과 같은 모양으로 연합한 자도 된다"(롬 6:5). 그리스도의 영인 성령(롬 8:9)이 성도에게 내주(indwell)함이 그 연합을 이룬다(요 14:16-20; 고전 3:16; 고후 3:18). "이것이 매우 친밀한 연합이라는 것은 성경에서 사용된 비유들 가운데 풍성하게 나타난다. 이는 포도나무와 가지(요 15:5), 건물의 기초와 건물(벧전 2:4, 5), 남편과 아내(엡 5:23-32), 머리와 몸의 지체들(엡 4:15, 16)의 연합이다"(Berkhof, 1949/2017, p. 727). 이처럼, 개혁주의 구원론의 핵심은 그리스도와 성도의 신비적 연합에 있다(Berkhof, 1949/2017, p. 688).

그리스도와의 연합 교리는, 개혁주의 신학의 고유한 기여점 중 하나로서 성경이 제시하는 구원의 과정을 논리적 순서대로 제시한 구원 서정(Ordo Salutis; The Order of Salvation)과도 밀접한 연관을 갖는다. 구원 서정은 대체로 다음과 같이 제시된다: (1) 소명(부르심), (2) 중생(거듭남), (3) 회심(돌이킴), (4) 신앙(믿음), (5) 칭의(의롭다 하심), (6) 수양(자녀 됨), (7) 성화(거룩해

짐), (8) 견인(이끌리며 견딤), (9) 영화(영광스럽게 됨)(Berkhof, 1949/2017; Grudem, 2020/2024). "성령의 … 사역으로 말미암아 예수 그리스도의 보혈의 공로가 구원 과정 가운데서 우리 안에서 역사한다"(문병호, 2013, p. 178). 성도는 "주 예수 그리스도의 이름과 우리 하나님의 성령 안에서 씻음과 거룩함과 의롭다 하심을 받는다"(고전 6:11).

성경에서 죽음의 한 측면은 영혼과 몸의 분리다(전 12:7; 마 27:50; 요 19:30; 고후 5:8). 기독교 신앙의 일차적 결과는 "영혼의 구원"이다(히 10:39; 벧전 1:9). 이와 관련하여 개혁주의 구원론의 핵심 논제 중 하나는 '중간 상태', 곧 죽음 이후로부터 예수 그리스도의 재림 이전까지 영혼의 상태에 관한 것이다(웨스트민스터 신앙고백서 32). 종교개혁 시기 마르틴 루터(Martin Luther)와 일단의 재세례파(anabaptist) 신학에서는 영혼 수면설(soul sleep)을 주장했다. 곧, 죽음 이후 인간의 영혼은 아무런 감각이 없이 심판 이전까지 잠을 잔다는 것이다. 그러나 칼뱅은 이를 반박하면서 죽음 이후에도 인간의 영혼은 의식적인 활동을 한다는 점을 논증했다(Calvin, 1559a/2020, pp. 418-421; Calvin, 1559b/2020, pp. 811-813). 예컨대, 그리스도는 거지 나사로와 부자의 죽음 이후 전자의 영혼은 아브라함의 품에, 후자의 영혼은 심판을 받고 있음을 말했다(눅 16:22-23; 참조: Calvin, 1559a/2020, p. 421). 이렇듯 죽음 이후에 영혼의 의식적 활동이 있다고 보는 개혁주의 구원론에서는, 죽음, 부활, 영생을 논함에 있어 자아 동일성의 문제가 전혀 발생하지 않는다.

몸이 다시 사는 것과 영원히 사는 것

국문 사도신경은 "몸이 다시 사는 것과 영원히 사는 것을 믿사옵나이다"로 끝난다. 이처럼 기독교 신앙은 몸의 부활과 영생을 강조한다. 하나님은 "우리 안에 거하시는 그의 영으로 말미암아 우리 죽을 몸도 살리신다"(롬 8:11). 예수의 재림으로 말미암은 부활의 때에는 죽은 자들의 영혼이 다시 몸을 입는다(고전 15:42-44; 계 20:13). 이처럼 기독교는 영혼뿐 아니라 몸의 구원을 말하며, 몸이 속한 물질세계 역시 하나님이 창조하시고 보시기에 좋았더라고 말씀하셨던 영역이다(창 1). 그렇기에 그리스도는 진정 육체로 왔다(요일 4:2).

고린도전서는 부활 이후의 몸이 썩지 않는, 영광스러운, 강한, 신령한 몸이라고 말한다(고전 15:42-44). 그리스도는 부활의 "첫 열매"로서(고전 15:20-24) 그러한 몸을 입은 첫 사람이다. 성도가 하나님의 부름을 받아, 의롭다 하심을 얻고, 마침내 영광스러운 상태에 이르게 될 때(롬 8:30)에는, "썩어짐의 종 노릇" 하던 여타의 다른 피조물들 역시 "해방되어 하나님의 자녀들의 영광의 자유에 이르게"(롬 8:19-24) 된다.

현대적 AI 담론이든 고전적 기독교 신앙이든, 인간이 구원과 영생을 바라는 존재임이 여실히 드러난다(전 3:11). 그러나 트랜스휴먼적 영생과 기독교 구원론은 매우 다르다. 예컨대, 우병훈(2023)은 개혁주의 신학의 관점에서 트랜스휴머니즘을 다음과 같이 비판한다. (1) 트랜스휴머니즘은 인간의 본질을 정보로 보지만, 성경은 '하나님의 형상(Imago Dei)'을 따라 지음받은 '영-육 통일체(psycho-somatic unity)'로 본다. (2) 트랜스휴머니즘은 생물학적, 생체공학적, 가상적 불멸성을 추구하지만, 성경은 개인 및 우주적 차원에서 연관되는 종말과 부활을 말한다.

이에 더하여 필자는 다음과 같은 점들을 지적하고자 한다. AI 담론의 구원론이 인간과 임의적 기계의 '융합(merge)'을 통한 영생이라면, 기독교의 구원론은 성도와 유일한 대속자 예수 그리스도의 '연합(union)'으로 말미암은 영생이다. 트랜스휴먼적 융합이 물리적이라면, 그리스도와의 연합은 영적이다. 트랜스휴먼적 영생이 자아 동일성의 문제를 일으킨다면, 기독교의 영생은 죽음 이후에도 불멸하는 영혼의 의식적 활동을 말하므로 자아 동일성이 보장된다. 트랜스휴먼적 영생이 부패를 피할 수 없는 인간 신체를 점증적으로 기계로 대체하여 궁극적으로는 몸의 온전한 기계화로 귀결된다면, 기독교의 영생은 피할 수 없는 한 번의 죽음을 인정하되 죽음에서 부활한 성도가 썩지 않는 몸을 얻을 것이라고 말한다(고전 15:42).

참고문헌

김재희(2014). "우리는 어떻게 포스트휴먼 주체가 될 수 있는가?". 《철학연구》, 106, 215~242쪽.

김태경(2023). "마음-업로딩과 심적상태의 동일성 문제". 《동서철학연구》, 108, 249~268쪽.

문병호(2013). 《30주제로 풀어 쓴 기독교 강요(수정증보판)》. 생명의말씀사.

양성철(2025). "AI기반 마인드업로딩에 관한 불교적 관점: 자아동일성 논쟁을 중심으로". 《宗學硏究》, 13, 105~139쪽.

우병훈(2023). "4차 산업혁명 시대에 새롭게 생각하는 인간과 미래". 《고신신학》, 25, 83~113쪽.

천현순(2024a). "마인드 업로딩과 디지털 영생의 문제 - 카를 올스베르크의 SF 소설 《막다른 골목에 선 소년》을 중심으로". 《브레히트와 현대연극》, 51, 137~159쪽.

천현순(2024b). “마인드 업로딩 인공지능의 정체성 문제 - 카를 올스베르크의 SF 소설 《하얀 방의 소년》을 중심으로”. 《독일언어문학》, 106, 45~66쪽.

Berkhof, L.(1949). *Systematic Theology*. 이상원·권수경 옮김(2017). 《벌코프 조직신학(2판)》. CH북스.

Bostrom, N.(2003). The Transhumanist FAQ(Version 2.1). https://nickbostrom.com/views/transhumanist.pdf

Calvin, J.(1559a). *Institutio Christianae Religionis*. 문병호 옮김(2020). 《기독교 강요 1: 창조주 하나님을 아는 지식》. 생명의말씀사.

Calvin, J.(1559b). *Institutio Christianae Religionis*. 문병호 옮김(2020). 《기독교 강요 3: 우리가 그리스도의 은혜를 받는 방법, 이로부터 우리가 누리는 유익, 그리고 이에 따르는 효과》. 생명의말씀사.

Christie, L. et al.(n.d.). “트랜스휴머니즘”. https://lausanne.org/ko/report/인간이-된다는-것은-무엇을-의미하는가-곧-공개함/트랜스휴머니즘

Clynes, M. E. & Kline, N. S.(1960). Cyborgs and space. *Astronautics, 14*(9), pp.26~27.

Grudem, W. A.(2020). *Systematic Theology: An Introduction to Biblical Doctrine*. 박세혁 옮김(2024). 《조직신학 2》. 복있는사람.

Haraway, D. J.(2016). A cyborg manifesto: Science, technology, and socialist-feminism in the late twentieth century. In Haraway, D. J. & Wolfe, C.(eds.). *Manifestly Haraway*, pp.3~90. University of Minnesota Press.

Harari, Y. N.(2015). *Homo Deus*. 김명주 옮김(2017). 《호모 데우스: 미래의 역사》. 김영사.

Kurzweil, R.(2005). *The singularity is near: When humans*

transcend biology. Viking.
Kurzweil, R.(2024). *The singularity is nearer: When we merge with AI.* Penguin.
Schneider, S.(2019). *Artificial you.* Princeton University Press.

07
교회론과 AI

교회는 역사적으로 형성 및 개혁되어 온 기독인 공동체다. 공동체 구성원 간의 수직적이고 수평적인 관계 맺음의 양상에 AI가 가져올 수 있는 변화를 논의한다.

AI와 애니메이션?

교회와 직제

기독교인 공동체를 지칭하는 교회는 '회중'을 의미하는 헬라어 '에클레시아'(ἐκκλησία)의 번역어다. 하지만 교회가 단순한 무리에 그치는 것은 아니다. 성경은 교회를 머리이신 그리스도의 몸이라고 말한다(엡 4:15-16). 이런 면에서 교회는 구원받은 하나님의 백성들의 공동체다. 예컨대 신약 시대의 교회는 베드로가 말하였듯 '주는 그리스도시요 살아계신 하나님의 아들'이라는 신앙고백 위에(마 16:16-18), 그리고 예수의 승천 이후 오순절 성령 강림 사건 때부터(행 2) 본격적으로 형성되었다. 그러나 구약 시대의 이스라엘 백성 역시 '광야 교회'로 볼 수 있다(행 7:38). 교회는 각 지역에 설립된 가시적 교회를 지칭하기도 하지만(계 1:11), 그리스도 안에서 성도들이 서로 영적으로 연결된 비가시적인 교회를 지칭하기도 한다(엡 4:16). 사도신경에서 고백되는 '거룩한 공회[교회]'는 후자의 의미를 지닌다.

성경은 장로, 목사, 교사, 집사 등 교회 내의 직제들을 이야기하며(엡 4:11; 딤전 5:17; 빌 1:1 등), 이러한 직제에 관한 이해 차이가 기독교 교파 간 차이의 핵심에 해당한다(예: 장로교는 장로제를, 감리교는 감독제를 따른다). 대체로, 교회 내 직제 체계에 따라 교회에서 직분을 맡고 있는 사람을 임직자, 특별한 직분을 맡지 않은 성도들을 평신도라고 지칭한다. 교회 직제와 관련하여 교회의 모든 성도들이 제사장적이므로 평등하다는 점이 강조되기도 하나(벧전 2:9), 일반적으로는 교회 안에서 목회자와 평신도 간의 수직적 관계와 모든 성도들 간의 수평적 관계를 상정할 수 있다.

교회 내 관계와 AI

사도행전 2:42는 "그들이 사도들의 가르침을 받아 서로 교제하고 떡을 떼며 오로지 기도하기를 힘쓰니라"라고 기록한다. 이처럼 교회 안에서는 수직적이지만 인격적인 관계를 통한 가르침과 배움이 일어나며(딤후 3:14), 성도들 간의 수평적인 교제 역시 일어난다(빌 2:1-4). 초대교회 시기에는 교회 내에서 또 교회 간에 편지를 회람하는 일이 수직적이고 수평적인 성도의 교제를 이루었다면(골 4:16; 살전 5:27 등), 오늘날 정보 습득의 주요 통로가 된 AI는 교회 내의 수직적이고 수평적인 관계 맺음에 어떠한 영향을 줄 수 있을까.

적지 않은 매체와 기관들이 이미 교회에서의 AI 사용에 관한 입장과 권고 들을 정리해 왔다. 목회데이터연구소(http://www.mhdata.or.kr/)가 발간하는 넘버즈

(numbers)는 통계 기반의 보고서로서 한국 교회를 지원하고 있다. 넘버즈의 제호는 성경의 민수기(民數記, Numbers)와도 같은데, 데이터에 기반한 현실 인식과 의사 결정의 중요성을 상기시킨다. 넘버즈에 따르면, 우리나라 목회자들의 경우 앞으로 설교 준비에 챗GPT가 사용될 가능성 등을 긍정적으로 인식하기도 하였으나, 목회자의 개인적인 묵상과 연구가 축소될 것이라고 보았고, AI 설교자의 출현 가능성 역시 높다고 보았다(186호). 한국기독교사회문제연구원의 조사에 따르면 개신교인들의 경우 AI 기술이 신앙에 도움이 된다고 보는 비율은 14%, 도움이 되지 않는다고 보는 비율은 37%다(236호).

대한예수교장로회(합동)의 교단지인 《기독신문》은 보다 수직적이고 목회적인 차원에서 "AI는 분명 교회에 새로운 가능성을 제공"한다고 논평한다. "특히 교역자가 부족한 교회일수록, AI는 사역을 보완하고 목회를 보다 풍성하게 만드는 유용한 도구가 될 수 있"다. "그러나 이러한 새로운 기술이 올바른 방향으로 사용되기 위해서는, AI에 대한 신학적 검증과 함께 목회자로서의 윤리적 책임이 반드시 뒤따라야" 한다(우리나, 2025).

한재욱(2024)은 보다 수평적인 차원에서 AI가 기독교 신앙생활에 도움이 될 수 있는 방법들을 제안한다. AI는 성도들이 서로 소통하고 상호 작용하는 플랫폼 구축에 활용될 수 있고, 신앙 상담 분야에서도 민감하고 어려운 질문들에 답할 수 있으며, 교인들의 특성을 반영한 소그룹 구성에 도움을 줄 수 있다.

그런가 하면 AI의 교회 내외적인 사용에 관하여 보다 성경적이고 신학적인 원리를 고찰하고 제시한 경우도 있다. 미국 남침례회(Southern Baptist Convention)의 윤리 종교 자유 위원회(Ethics & Religious Liberty Commission, ERLC)는 〈AI에 관한 복음적 원리 선언(Artificial Intelligence: An Evangelical Statement of Principles)〉을 발표했다(ERLC, 2019). 해당 선언문은 인간의 본성, 기술의 장래성, 미래에 대한 희망에 관한 12가지의 조항으로 이루어지며, 각 조항은 근거가 되는 성경 구절들을 인용하고 있다. 그 대요는 다음과 같다. 1. 하나님은 인간만을 자신의 형상대로 지으셨다. 2. AI는 기술이며, 도덕적인 의사 결정을 내리고 책임을 질 수 있는 행위자가 아니다. 3. AI는 의료, 편향성, 성, 직업, 프라이버시와 보안, 전쟁, 공공정책 등의 영역에서 오남용을 경계하며 선용되어야 한다. 4. 교회는 모두를 위한 인간의 존엄성을 선포하고 사회의 모든 영역에서 AI를 인간적으로 사용하라는 고유한 역할을 갖는다. 5. AI는 인간의 창조물로서 언젠가 인간을 능가할지 모르지만, 미래는 생명의 창조자이자 구원자인 하나님께 달려 있다. 이 선언문은 챗GPT가 공개된 2022년보다 앞선 2019년에 발표되었지만, AI로 인해 발생하는 가능성과 위험이라는 이슈들이 교회에 영향을 미치기 이전에 선제적으로 대응하기 위한 것이었다는 점에서(p. 1) 선견적이었다고 할 수 있다. 특히 교회의 미래를 희망적으로 그려낸다는 점에서 주목할 만하다.

AI가 교회를 위하여 사용되고 있는 모범 사례 역시 살펴볼 필요가 있다. MLJ TRUST(https://www.mljtrust.org/)라는 온라인 웹사이트는 영국의 저명한 칼뱅주의 설교자 마틴 로이드 존스(David Martyn Lloyd-Jones, 1899~1981)의 설교 녹음본을 업로드 및 공유하고 있으며, 그 수는 1,600편을 넘어선다. 웹사이트에서는 개별 설교를 들을 수 있는 페이지마다 설교 설명(sermon description)과 설교 분해(sermon breakdown)를 제공함으로써 청취자들을 돕고 있다. 필자가 웹사이트 운영진들과 이메일로 교류한 바에 따르면, 모든 설교 설명은 AI가 널리 사용되기 이전에 미국 남침례신학교(Southern Baptist Theological Seminary) 학생들에 의해 일일이 작성된 것이다. 그러나 설교 분해는 AI에 의해 작성되었으며, 설교 스크립트 작성과 분석을 위해 AI를 점차 사용하고 있다. MLJ TRUST에서는 20세기의 손꼽히는 설교자의 음성과, 신학생 및 운영진들의 헌신과, AI의 기여가 어우러져 "합력하여 선을 이루"고 있다(롬 8:28).

교회의 미래

마틴 로이드 존스는 사도행전 12:5 "이에 베드로는 옥에 갇혔고 교회는 그를 위하여 간절히 하나님께 기도하더라"를 본문으로 '교회와 그 미래'(The Church and Her Future)라는 제목의 설교를 했다. 설교의 요지는 단순하다. 오늘날 많은 교인들이 교회의 미래를 걱정한다. 그러나 초대 교회로부터 복음과 교회는 반대와 핍박에 직면해 왔으며, 그럼에도 승리하고 확장되어 왔다. 하나님이 기도에 응답하심으로 부흥을 주시기 때문이다. 그러므로 교회의 미래를 걱정하는 데 너무 많은 시간과 에너지를 낭비하는 것은 어리석다는 것이다(Lloyd-Jones, n.d.). 이러한 원리는 AI 시대의 교회에도 마찬가지로 적용될 수 있다.

어쩌면 '대'규모 언어 모델('large' language model)로 대표되는 최근의 AI 담론은 챗GPT를 비롯한 강력한 AI

모델들을 '거인'처럼 크게 보이고 만들고 있을지 모른다. 그 앞에 선 사람들은 스스로를 '메뚜기'처럼 작게만 여기는 듯하다(민 13:33). 그러나 민수기에서 이스라엘 정탐꾼들과 백성들이 가나안 족속의 거대함에 집중하여, 그 수를 세어 오라는 모세의 명령(민 13:17-20)을 지키지 않았음(민 13:25-29)에 주목할 필요가 있다. 아무리 강대한 상대방이라 하더라도, 내가 속하고 연결된 공동체 구성원의 수에 비하여 그 수가 적다면, 전투에 앞서 과도한 공포감에 빠지지 않을 합리적인 이유를 찾을 수 있다. 잘 헤아려 보면, AI 분야를 주도하는 '빅'테크('big' tech) 기업들과 그 대규모 모델의 수는 많지 않다.

공동체 형성의 관점에서, 인터넷으로 연결된 AI 모델들이 다양한 장치, 시스템, 사람들 간의 네트워크를 이루어 소위 초연결사회를 바라볼 수 있게 함이 사실이다. 이러한 측면은 코로나19 팬데믹 시기 주목받았던 메타버스 담론에서 특별히 부각되었던 바 있다. 그러나, AI에 의해 가능해지는 연결성보다도 교회가 본래 지닌 연결성이 뛰어난 면이 있다. 교회의 머리인 예수 그리스도 안에서, 지금 현재를 살아가는 성도들은 서로 한 몸으로 연결되어 있을 뿐 아니라(고전 12:12-27), 과거에 이 땅에 살다가 소천한 하늘의 성도들과도 연결되어 있다(히

11:39-12:2). 그리스도의 재림은 해당 시점에서 이미 죽은 사람들과 살아 있는 사람들이 "함께" 있게 되는 사건이다(살전 4:13-18). 이처럼 성령은 시간과 공간, 삶과 죽음, 하늘과 땅을 초월해 성도들을 하나 되게 한다. 찬송가 600장은 이러한 교회론을 "땅 위의 모든 교회 주 안에 있어서 하늘의 성도들과 한 몸을 이루네"라고 노래한다.

참고문헌

우리나(2025.4.25). "목회 돕는 AI, 어떻게 골라야 할까?". 기독신문. https://www.kidok.com/news/articleView.html?idxno=501620

한재욱(2024). 《인문학을 하나님께 4》. 규장.

ERLC(The Ethics & Religious Liberty Commission of the Southern Baptist Convention)(2019). Artificial Intelligence: An Evangelical Statement of Principles. https://erlc.com/policy-content/artificial-intelligence-an-evangelical-statement-of-principles/

Lloyd-Jones, M.(n.d.). The church and her future. MLJ Trust. https://www.mljtrust.org/sermons/itinerant-preaching/the-church-and-her-future/

08
선교론과 AI

선교는 그리스도가 남긴 지상명령(至上命令)으로서 이해된다. 타 언어권으로의 확산 및 전파라는 기독교의 특성을 드러내는 선교 영역에 AI가 갖는 함의를 탐색한다.

AI와 인재 채용?

선교와 번역

사도행전은 예수의 승천 이후 오순절에 강림한 성령의 권능으로 제자들이 "예루살렘과 온 유대와 사마리아와 땅끝까지"(행 1:8) 복음을 전하게 된 역사를 기록했다. 오순절 성령 강림 사건은 제자들에 의하여 "하나님의 큰 일"이 세계 각국의 언어로 말해지는 결과를 가져왔다(행 2:11-13). 이후 교회는 스데반의 순교 사건을 겪고 흩어지게 되어 본격적으로 선교 사역을 시작하게 된다(행 8). 오순절 사건은 마치 창세기에서 하나님이 "생육하고 번성하여 땅에 충만하라"(창 1:28, 9:1) 하신 말씀에 반기를 들고 바벨탑을 지음으로써 "온 지면에 흩어짐을 면하자"고 하였던 사람들을(창 11:4) 하나님께서 "언어를 혼잡하게" 하심으로 "온 지면에 흩으셨던" 일을 상기시킨다(창 11:7-8). 곧, 하나님은 단일 집단보다는 "모든 백성과 나라들과 다른 언어를 말하는 모든 자들이" 예수 그리스도를 주로 섬기게 되는 역사를 예정했다(단 7:14). "모든 민족을 제자로 삼으라"는(마 28:19-20) 예수의 지상명령(至上命令)으로서의 선교는 그를 머리로 삼는 몸인 교회가(엡 1:22-23) 그의 뜻대로 행하는 일로서, 예수 재림의 선결 조건이다(마 24:14; 막 13:10).

오순절 성령 강림 사건에서 볼 수 있듯이 하나님의 말

씀을 여러 언어로 번역하여 전하는 일은 선교에 필수 불가결하다. 성경은 오순절 사건 외에도 교회론 및 선교론에 관하여 "각종 방언 말함"과 "방언들 통역함"을 "같은 한 성령이 행하사 그의 뜻대로 각 사람에게 나누어 주시는 것"이라고 말한다(고전 12:10-11).

선교에서 번역의 중요성은 구어뿐 아니라 성경 편찬에도 적용된다. 구약 성경의 대부분은 히브리어로 기록되어 있으며, 일부 아람어로 기록되었다. 신약 성경은 당시 로마 제국의 공용어였던 헬라어로 기록되었다. 위와 다른 언어의 사용자들이 성경을 이해할 수 있도록 이를 번역해 온 역사가 길다. 대표적으로 기원전 3세기경의 70인역(LXX)은 히브리어로 쓰인 구약 성경을 헬라어로 번역한 산물이다. 벌게이트역(Vulgate)은 4세기 말 성 히에로니무스(St. Jerome, c. 342~420)가 번역한 라틴어 역본이다. 16세기에는 루터(Luther) 독일어 성경이, 17세기에는 영어 킹 제임스 흠정역(King James Version; KJV)이 등장했다. 우리나라에도 존 로스(John Ross, 1842~1915) 선교사를 비롯한 성경 번역자들에 의해 1911년에 신구약 성경전서를 완역 발간하게 되었다.

AI와 자동 번역

자동 번역은 AI 기술의 연구와 발달을 이끌어 온 주요 동력 중 하나다. 예컨대, 냉전 시기 미국에서 AI 프로젝트에 막대한 지원이 이루어진 이유 중 하나는 당시의 과학기술 강국이던 러시아의 과학 논문을 자동 번역하기 위함이었다(Russell & Norvig, 2021). 2010년대 이후로 워드투벡(word2vec) 등 딥 러닝 기반 자연어 처리의 토대적 알고리즘들이 발달하며 자동 번역의 신기원이 열리게 되었으며, 구글 번역이나 네이버 파파고, 딥엘 등의 AI 기반 번역 서비스들의 성능이 비약적으로 상승하여 점차로 많은 사용자를 확보하게 되었다.

2022년 11월에 공개된 챗GPT는 대규모 언어 모델이 지닌 뛰어난 번역 성능을 여실히 보여 주었다. 오픈AI에 따르면 챗GPT가 공식적으로 지원하는 언어는 59개로서(OpenAI, n.d.) 그 내부 모듈을 훈련시키기 위해 사용된 대규모 말뭉치(약 5,000억 개의 단어; Brown et al., 2020)에 기반하여 이러한 기능이 가능해졌다고 할 수 있다. 오늘날 대규모 언어 모델에 의한 번역은 빠르면서도 상당히 정확한 편이며, 인간 번역자를 활용하던 것에 비하여 매우 저렴하다. 이에 번역 산업의 시장 판도 역시 챗GPT 이후로 크게 변화했다. 비록 학습 데이터의 분량 차이로 인해 대규모 언어 모델들은 영어를 비롯한 주요 언어들을 처리하는 능력이 더 뛰어나다는 점이 알려져 있지만, 한국어를 비롯한 여타의 언어들을 처리하는 능력들 역시 상위 모델의 공개와 학습 데이터의 증가로 점차 향상되고 있다. 예컨대, GPT-3의 한국어 처리 능력에 비하여 GPT-4의 한국어 처리 능력이 비약적으로 상승했다(OpenAI, 2024).

오늘날 대규모 언어 모델에 의한 번역에서 주목해야 할 또 다른 지점은 모바일 애플리케이션으로의 탑재다. 실시간에 가까운 음성 대화 번역이 이미 상용화되어 있는데, 예컨대 세계 각국에서 외국 여행자들이 스마트폰의 구글 트랜슬레이션(Google Translation) 앱을 활용하여 현지인들과 원활하게 소통하는 장면을 어렵지 않게 볼 수 있다. 이는 음성 인식(speech recognition, 또는 speech-to-text) 기술 또한 근래에 비약적으로 발달하였기 때문이다. 일단 사용자의 발화가 텍스트로 전사(transcribe)되고 나면, 이후에는 언어 모델이 텍스트를 처리할 수 있다.

로잔운동이 바라보는 AI

20세기 이후 현대 복음주의 선교는 로잔운동(Lausanne

Movement)에 의해 주도되고 있는 면이 있다. 로잔운동은 세계교회협의회(World Council of Churches, WCC)의 에큐메니컬 선교 신학이 1973년 방콕대회를 기점으로 영혼 구원보다는 정체성, 인간화, 해방으로서의 '오늘의 구원(Salvation Today)'으로 치달은 데 대한 반응으로서 발생하였으며(김은수, 2010), 존 스토트(John R. W. Stott, 1921~2011)와 빌리 그레이엄(William F. Graham Jr., 1918~2018) 등 복음주의자들의 주도로 1974년 스위스 로잔에서 제1차 대회를 가졌다.

영혼 구원을 위한 복음 전도와 그리스도인의 사회적 책임 모두를 강조하는 로잔운동은 개혁주의 선교 신학의 입장에서도 대체로 포용하고 있으며(고광석, 2018; 김성욱, 2024) 현대적 맥락을 적극 고려하는 특성상 선교론과 AI에 관한 고찰이 그곳에서 제시될 것으로 기대할 수 있다. 실제로 로잔운동 참여자들 중 일부는 AI에 관한 전문성을 갖추고 AI가 번역을 비롯한 여타의 기능성을 통해 어떻게 선교를 위하여 활용될 수 있는지를 논의하고 있기에(Kim et al., n.d., Cozen, 2024) 이를 간략히 정리해 보는 일이 의미 있을 것이다. 하지만 보수적인 칼뱅주의 일각에서는 로잔운동 역시 복음보다도 그리스도인의 사회적 책임을 과도하게 강조하는 등 진보적 성향을 지니는 것으로 여기기도 하므로(예: 문병호, 2021), 로잔운동에서 제안한 AI의 선교적 활용 가능성은 참고 사항 정도로 언급하였음을 밝힌다.

김 등(Kim et al., n.d.)은 오늘날 '인간이 된다는 것은 무엇을 의미하는가'를 고찰하는 일환으로서, AI의 현황, 우려 사항, 미래를 고찰하고 그것이 문화, 인간성, 복음의 타당성에 미치는 함의를 논의함으로써, AI가 복음 전파라는 지상명령에 제공하는 기회와 도전을 짚어낸다. 김 등(Kim et al., n.d.)은 기본적으로 AI 역시 "다른 기술들과 마찬가지로 하나님께서 교회가 세상에 진리를 전파하는 데 사용하실 수 있으며, 그렇게 사용될 것"이라고 본다. 보다 구체적으로는, AI가 사람들 간의 만남과 상호작용을 촉진하고, 개인화된 기독교 콘텐츠를 배포하며, 모든 방언과 심지어 수화까지도 실시간으로 번역하여 모두가 하나 되어 하나님의 말씀에 귀 기울이는 예배의 모습을 상상하길 촉구한다. 다만 김 등(Kim et al., n.d.)은 "그리스도인의 증거와 복음은 그 본질적인 측면에서 단순한 정보 전달이나 지식의 습득으로 축소될 수 없"으며, "기독교 선교는 … 살아 계신 하나님과의 개인적[인격적] 만남에 초점을 맞추고 있으며, 이 만남은 하나님의 형상으로 만들어진 다른 이들과의 상호작용과 그리스도의 몸 된 교회의 현지 사역을 통해 이루어진다"는 점을 강조한다.

그런가 하면 코젠(Cozen, 2024)은 보다 직접적으로 '인공지능과 선교의 미래'를 논의한다. 코젠(Cozen, 2024)은 SIL 글로벌 그룹에서 300개 이상의 소수 언어를 위한 번역 모델과 텍스트-음성 변환 모델이 개발됨으로써 선교에 기여하고 있음을 언급한다. 원브레드(OneBread) 역시 챗GPT와 달리를 사용하여 성경 구절을 그림, 짧은 시, 적용점, 다른 성경 주제와 연결하고 풀어 설명한다. 그러나 코젠(Cozen, 2024)은 AI가 확률적 추론에 기반한 답을 내놓으므로 진리의 문제에는 주의해야 하며, AI의 개발 및 작동에 비윤리적 데이터 수집, 노동 착취, 환경 파괴 등의 문제가 있음을 지적한다. 이에 코젠(Cozen, 2024)은 AI를 사용함에 인간의 번영, 데이터 프라이버시와 보안의 유지, 인간의 책임성과 감독을 강조하는 등의 윤리적 고려 사항이 중요함을 강조한다. AI 역시, "범사에 헤아려 좋은 것을 취하고 악은 어떤 모양이라도 버리라"(살전 5:21-22)는 말씀에 비추어 사용하여야 한다는 것이다.

한국인의 선교와 AI

위와 같은 일반론 외에도, 한국인이 참여하는 선교에서 AI가 특별히 더 중요하게 여겨질 만하다. 첫째는 한국어의 특성이다. 한국어는 국제 공용어인 영어와의 언어 거리(linguistic distance)가 상당히 멀어 각 언어의 사용자들이 상대 언어를 학습하기에 어렵다(Chiswick & Miller, 2005). 둘째는 한국 교회 선교사역의 특징이다. 한국 교회가 파송한 장기 선교사의 수는 코로나19 직전인 2019년에 28,039명으로 최대치에 달하였으며, 2023년 현재 21,917명에 해당한다(목회데이터연구소, 2024). 이에 한국 교회는 미국 교회에 이어 세계에서 두 번째로 많은 선교사를 파송하는 것으로 알려져 있다. 결국 AI는 한국인들이 세계 선교 사역의 중추를 담당함에 한국어를 영어 또는 선교지 각국의 언어로 번역하는 데 활용될 수 있다는 점에서 그 선교적 가치를 더하는 것이다.

참고문헌

고광석(2018). 《개혁주의 선교신학과 문화론》. 엔크.

김성욱(2024). 《현대 개혁주의와 선교신학》. 솔로몬.

김은수(2010). 《현대 선교의 흐름과 주제》. 대한기독교서회.

목회데이터연구소(2024). “기독교 통계(233호) – 2023 한국의 세계 선교 현황”.

http://w.mhdata.or.kr/bbs/board.php?bo_table=gugnae&wr_id=115
문병호(2021). 《WEA 신복음주의 신학과 에큐메니칼 활동 비판: WCC에 편승하여 로마 가톨릭과 신학적 일치를 추구하고 포용주의, 혼합주의, 다원주의로 나아감》. 솔로몬.

Brown, T. et al.(2020). Language models are few-shot learners. In Larochelle, H. et al.(eds.). *Advances in neural information processing systems, 33*, pp.1877~1901.

Chiswick, B. R. & Miller, P. W.(2005). Linguistic distance: A quantitative measure of the distance between English and other languages. *Journal of Multilingual and Multicultural Development, 26*(1), pp.1~11.

Cozens, S.(2024). "인공지능과 선교의 미래: 진정한 신앙과 인공지능". https://lausanne.org/ko/global-analysis/인공지능과-선교의-미래-진정한-신앙과-인공지능

Kim, A. et al.(n.d.). "인공 지능". https://lausanne.org/ko/report/인간이-된다는-것은-무엇을-의미하는가-곧-공개함/인공-지능

OpenAI(n.d.). How to change your language setting in ChatGPT. https://help.openai.com/en/articles/8357869-how-to-change-your-language-setting-in-chatgpt

OpenAI(2024). GPT-4 technical report. https://arxiv.org/abs/2303.08774

Russell, S. & Norvig, P.(2021). *Artificial Intelligence: A Modern Approach(4th ed.)*. Pearson.

09
신국론과 AI

신국(神國)은 기독교의 핵심 비전이다. 신국은 인간뿐 아니라 모든 피조물에 미치는 전(全) 우주적 통치다. AI가 신국의 비전 안에서 어떻게 이해될 수 있는지 검토한다.

AI와 기자?

천국과 하나님 나라

성경은 왕으로서의 하나님과 그가 다스리는 나라를 계시한다. 구약 성경에서 하나님이 이스라엘 백성과 맺은 언약의 핵심은 '너희를 내 백성으로 삼고 나는 너희의 하나님이 되겠다'는 데 있다(출 6:7; 레 26:12; 렘 30:22; 겔 36:28). 신약 성경에서는 예수 그리스도가 공생애 사역 기간에 시종일관 '천국 복음'(마 4:23, 9:35 등) 또는 '하나님 나라 복음'(막 1:15; 눅 4:43)을 전했다. 예수 그리스도는 그 나라의 왕이며(시 2; 눅 1:32-33; 요 18:36-37; 계 19:15-16), 신약 교회 성도들은 그 나라의 백성이다(빌 3:20; 벧전 2:9). 초대교회의 교부 히포의 아우구스티누스(Augustine of Hippo, 354～430)는 《신국론(神國論, The City of God)》으로 번역되는 저작을 남김으로써(426) 그것이 기독교 신학의 중요한 논제로 자리 잡도록 했다(Augustine of Hippo, 1956/2016).

여기서 용어의 정리가 필요하다. 천국(kingdom of heaven)과 하나님 나라(kingdom of God)는 복음서에서 상호 교환적으로 사용된다. 마태복음에서 천국이라는 단어가 사용되는 경우 그 병행 구절들에서 하나님 나라라는 단어가 사용되는 식이다(마 4:17; 막 1:15; 마 19:23-24; 눅 18:24-25 등). 곧, 이 둘은 한 나라(kingdom)를 지칭하는 같은 용어다.

그런데 스나이더(Snyder, 2001)는 범기독교 내에서 이 나라의 성격을 다채롭게 이해해 왔다는 점을 지적했다. 예컨대 그것이 하늘의 것인지 땅의 것인지, 교회와 동일한 것인지 다른 것인지, 개인적인 것인지 사회적인 것인지, 미래적인 것인지 현재적인 것인지, 급격한 것인지 점진적인 것인지, 하나님의 행위에 의한 것인지 인간의 행위에 의한 것인지 등이 쟁점이 된다(Snyder, 2001). 스나이더(Snyder, 2001)는 그 나라에 관한 성경적으로 신실하고 유용한 신학은 이러한 '긴장들(tensions)' 가운데 어느 한 극단을 선택하기보다 그것들을 유지하며 그것들과 함께 살아간다고(live) 말한다(p. 17). 개혁주의 관점에서도 그리스도의 나라는 성경에서 다양한 의미로 나타나고 있음이 언급된다(Berkhof, 1949/2017, pp. 676-682).

이에 스나이더(Snyder, 2001)는 기독교 역사상 설정되어 온 《그 나라의 모델들(Models of The Kingdom)》을 다양하게 소개한 바 있다. 필자가 경험하기로는, 한국 교회에서 '천국'은 위의 쟁점마다 전자들의 뉘앙스를 지닌 모델을 지칭하기 위해 사용되는 경우가 많으며, '하나님의 나라'는 후자들의 뉘앙스를 지닌 모델을 지칭하기 위해 사용되는 경우가 많은 것 같다. 필자는 '천국'과 '하나님 나라'가 예수 그리스도가 왕으로서 다스리는 나라를 이해하는 스펙트럼상의 중요한 두 지점이라고 본다. 예컨대, 그리스도의 나라가 미래적 장소인가 현재적 상태인가 하는 질문을 생각해 보자. 전통적 견해에서는 성경이 '천국'을 미래적 장소로 말한다고 본다. 예수 그리스도가 십자가에 달린 것은 하나님 아버지의 집에 "거처를 예비하러"(요 14:2-3) 가기 위한 것이었다. 예수 그리스도는 자신과 함께 십자가에 달렸던 강도 중 한 명에게 "오늘 네가 나와 함께 낙원에 있으리라"(눅 23:43)고 했다. 반면 현대 신학에서는 '하나님 나라'를 신자가 경험하게 되는 현재적 상태로서 이해하는 경향이 있다. "하나님의 나라는 우리 안에"(눅 17:21) 있으며, "성령 안에 있는 의와 평강과 희락"(롬 14:17)이다. 이처럼 성경은 그리스도의 나라가 지닌 다면성을 보여 준다. 이에 본장에서는 그리스도의 나라가 지닌 모든 속성을 포괄하는 의미로서 아우구스티누스 저작의 번역명을 빌려 '신국'을 주로 사용하되, 필요한 경우에는 필자가 경험한 뉘앙스와 용법을 따라 '천국' 및 '하나님 나라' 역시 사용한다.

두 왕국 신학과 영역 주권론

신국론에서는 영적 통치(교회)와 세속 통치(국가) 사이의 관계가 쟁점이다. 아우구스티누스(Augustine), 루터(Luther), 칼뱅(Calvin)은 '두 왕국 신학'(two kingdom theology)을 전개했다. 두 왕국 신학에서는 신국과 세속 국가 사이의 구별이 강조된다. 예컨대 아우구스티누스는 이방인 고트족에 의해 기독교 국가였던 로마가 멸망당한 사건을 마주하며 《신국론》을 저술했다. 어떤 면에서, 당시에 멸망한 로마는 지상의 왕국일 뿐이며, 그리스도인들은 미래에 완성될 하늘의 왕국을 소망해야 한다는 것이다(Augustine of Hippo, 2016). 또한 칼뱅은 '영적 왕국'과 '정치적 왕국'을 분명히 구별하여야 함을 역설하며, 복음이 가르치는 자유가 일상생활에서의 무질서를 가져와선 안 된다고 말한다(Calvin, 1959/2020, pp. 553-554).

그런데 신칼뱅주의(Neo-Calvinist) 신학자이자 네덜란드의 수상을 지낸 아브라함 카이퍼(Abraham Kuyper, 1837~1920)는 보다 진취적인 입장을 취한다. 그에 따르면 칼뱅주의의 주요 원리는 "가시적이든 비가시적이든 그 모든 영역들과 왕국들에 있어 온 우주에 미치는 삼위일체 하나님의 주권"이다(Kuyper, 1999, p. 79). 이에 칼뱅주의는 종교, 정치, 학문, 예술을 진정으로 발전시킨다(Kuyper, 1999). 카이퍼의 사상은 영역 주권(sphere sovereignty)론으로 이어진다(Kuyper, 1880/2020). 그리스도인들이 세상의 여러 영역에 위임된 고유하고 불가침한 주권을 행사하고 연결함으로써 그 모든 영역의 절대주권자인 그리스도를 인정하게 된다는 것이다. 이에 영역 주권 사상은 그리스도인들의 현실 참여를 강력하게 뒷받침한다.

두 왕국 신학은, 그리스도의 나라가 현세보다는 내세에 이루어질 것을 바라본다는 점에서, 신국을 '천국'의 뉘앙스로 이해한다고 할 수 있다. 한편 신칼뱅주의 및 본서에서 자세히 다루지 않은 현대 복음주의 사상들은 '천국'과 '하나님 나라' 뉘앙스의 균형 잡힌 이해를 도모한다고 하겠다. 반면, 신국을 '하나님 나라'의 뉘앙스로만 이해하는 한 극단적 사례가 사회 복음이라고 할 수 있다.

사회 복음과 AI

사회 복음은 미국의 라우션부시(Walter Rauschenbusch, 1861~1918)에 의해 주도되었다. 사회 복음에서는 물질적 빈곤 문제의 해결을 중심으로 하는 사회 정의의 실현을 구원으로 본다. 이를 통해 이 땅에 '하나님 나라'를 실현할 수 있다는 것이다.

라우션부시는 《기독교와 사회적 위기(Christianity and the Social Crisis)》에서 인간의 노동력을 대체하는 기계를 매우 심각하게 바라본다(Rauschenbusch, 1907). 라우션부시는 기계로 인한 산업혁명이 도시 빈민 문제 등 사회적 고통을 가져왔다고 본다(p. 219). 심지어 한창 신체를 발달시켜야 할 어린아이들이 자본의 이익을 증대시키기 위해 공장에서 기계를 다루는 데 매여 있음 역시 한탄했다(p. 242). 이러한 논의의 기저가 되는 사회적 상황은 AI로 인해 일자리가 대체될 것이라고 많은 이들이 염려하는 오늘날과 닮은 면이 있다.

이에 비추어 볼 때, 어쩌면 AI는 사회 복음의 '꿈'이 실현되기 위하여 반드시 넘어서야 할 중대한 문제일 수 있다. AI가 가져올 수 있는 사회적 불평등과 긴장, 갈등이 '하나님 나라'의 실현에 장애가 될 가능성이 있기 때문이다. 구약 성경에서 꿈은 요셉과 다니엘과 같은 영웅적 인물들이 국가의 위기를 예견하고 극복하는 수단이었다(창 41; 단 2, 4). "나는 꿈이 있습니다(I Have a Dream)"라는 연설을 남긴 마틴 루터 킹 주니어(Martin Luther King Jr., 1929~1968) 목사는 라우션부시의 영향을 받아 사회 복음의 열렬한 지지자였다. 그의 사상은 당시 미국에 만연하였던 인종과 피부색의 갈등을 극복하는 데 중점을 두었을 뿐 아니라, 부의 재분배와 물질적인 평등 역시 겨냥하고 있었다. 영화 〈아이 로봇〉에서는 주인공인 AI 로봇 써니(Sonny)가 꾸는 꿈이 스토리의 중심이 된다. 영화의 초반부에서는 로봇 3원칙하에서 노예처럼 살아가는 로봇들 앞에 한 남자가 서는 꿈을 꾸었다는 써니의 대사가 등장한다. 인간과 AI의 첨예한 갈등을 겪은 끝에, 영화의 종반부에서는 그 꿈에서 보았던 사건이 실제로 일어나며, 꿈에 등장한 그 남자가 바로 써니 자신이었음이 드러난다. 이로써 영화는 영웅적 AI로 인해 인간과 AI가 공존하는 평화로운 세상이 열릴 가능성을 암시한다. 어쩌면 사회 복음의 관점에서는 AI 시대에 사회의 위기를 극복하고, 경제적 평등을 이루며, 인간과 기계가 공존하는 미래를 그려내는 일이 중요하게 여겨질 수도 있겠다.

그러나 사회 복음은 상기하였듯 신국의 '천국' 측면을 간과하는 면이 있다. 성경의 표현을 따르자면, "죄 사함으로 말미암는"(눅 1:77) "이같이 큰 구원을 등한히 여기"는 관점일 수 있는 것이다(히 2:3). 비록 사회 복음이 가져다주는 통찰을 참조할 수 있겠으나, 개혁주의 관점에서는 이를 무비판적으로 받아들이기 어렵다(참조: 김상엽, 2019). 이는 반대로 AI로 인해 유토피아가 찾아올 것이라는 암시를 하는 '유사 하나님 나라' 사상들에 대해서도 마찬가지다(김은홍, 2021). 그렇다면 개혁주의 관점에서 AI 시대를 살아가는 신국 백성에게는 어떤 가이드라인이 제시될 수 있을까.

십계명 도덕과 AI 윤리

카이퍼의 영역 주권 사상은 오늘날 AI의 영역에서도 그리스도인들이 청지기적(stewardship) 소명을 다해야 함을 암시한다. 칼뱅주의는 개인적, 가정적, 사회적, 정치적 삶, 곧 우리가 "실제 생활"에서 맞닥뜨리는 "도덕적 질문(question of morals)"에 있어서(Kuyper, 1999, p. 68), "신자를 하나님의 얼굴 앞에" 세우는 독특한 특징을 지닌다(p. 69). 칼뱅주의자에게 모든 "윤리적 궁구(ethical study)"는 "시내산의 율법(the Law of Sinai)"에 기초한다(p. 72). 여기서 카이퍼가 기독교적 도덕 규례와 일반적인 도덕 규례가 구별되지 않는다고 함에 주목할 필요가 있다(p. 72). 곧, 시내산의 율법은 전혀 새로운 것이라기보다는 하나님이 모든 인간의 마음과 양심에 새겨 주신 도덕법(moral law)의 진정한 요약으로서 높임 받는 것이다(ff. 72).

구약에 계시된 율법은 신국 백성이 살아가는 방식을 규정하는 기능을 한다. 구약의 율법은 일반적으로 도덕법(moral law), 의식법(ceremonial law), 시민법(judicial law)으로 구분한다. 이 중 의식법과 시민법은 당시의 예배 형식과 이스라엘 국가의 사법을 각각 규정한다. 그러나 의식법과 시민법은 그리스도의 성육신과 십자가 사건으로 모두 이루어졌고(마 5:17; 요 19:30), 그러므로 폐지되었다. 다만 그 정신은 신약 성도가 신앙생활에 참고할 수 있다(이상 웨스트민스터 신앙고백서 19).

도덕법은 십계명(출 20)을 중심으로 이해할 수 있으며, 십계명은 하나님 사랑과 이웃 사랑이라는 두 계명으로 요약할 수 있다(마 22:37-40; 웨스트민스터 신앙고백서 19.2). 그리스도의 십자가 사역 이후에도 도덕법은 폐기되지 않았으며(엡 6:2-3), 오히려 그리스도인들의 삶의 기준으로서 여전히 주어진다(웨스트민스터신앙고백서 19.5-7).

여기서 우리가 흔히 사용하는 도덕(morals)과 윤리(ethics)라는 용어를 짚어 볼 필요가 있다. 일반 학문에서, 도덕과 윤리는 서로 같은 의미로 사용되기도 하지만, 전자는 종교적으로나 고전적으로 주어지는 불변하는 것이라는 뉘앙스가 있다면, 후자는 사회적 합의에 의해 도출되고 갱신되는 가변적인 것이라는 뉘앙스가 있다. 필자의 경험으로는, 두 용어가 신앙생활과 결부될 때 전자는 '천국' 담론과, 후자는 '하나님 나라' 담론과 연관되어 더 자주 사용되는 듯하다. 신국 백성은 십계명 등 불변하는 도덕법을 따라 살아가지만, 현대의 윤리적 기준 역시 충족하며 살아갈 필요가 있다.

근래에는 강력한 AI 기술을 선하게 사용하기 위한 노력이 다각적으로 이루어지고 있으며, 이를 AI 윤리라는 관점에서 포괄적으로 다루는 시도들 역시 상당수 있다. 그 사례로서, 과학기술정보통신부(2020)는 '사람이 중심이 되는「인공지능(AI) 윤리기준」'을 마련한 바 있다. 그 '3대 기본 원칙'은 인간 존엄성 원칙, 사회의 공공선 원칙, 기술의 합목적성 원칙이다. 또한 '10대 핵심 요건'은 인권 보장, 프라이버시 보호, 다양성 존중, 침해 금지, 공공성, 연대성, 데이터 관리, 책임성, 안전성, 투명성이다.

이러한 AI 윤리 기준은 그것이 잘 지켜지지 않았을 경우에 심각한 부작용이 있을 것임을 짐작하게 한다. AI를 살상 무기로서, 음란물을 생성하는 데, 지적 재산권을 탈취하는 데, 가짜뉴스를 생성하는 데 활용하는 사례들을 우리는 이미 목격했다. AI 기술의 오남용이 '살인하지 말라', '간음하지 말라', '도둑질하지 말라', '이웃에 대하여 거짓 증거하지 말라' 등(출 20:12-17) 십계명 중 이웃 사랑의 계명들을 위반하는 쪽으로 작용할 가능성이 있는 것이다.

곧, AI 윤리는 신국 백성이 AI 시대에 이웃 사랑의 도덕 계명을 잘 지키고 준수하기 위한 방편으로서 참조할 수 있다. 또한 눈에 보이는 이웃을 사랑하는 사람만이 눈에 보이지 않는 하나님을 사랑할 수 있다는 점에서(요일 4:20), AI 윤리에 주의하는 일은, "내가 너희를 사랑한 것 같이 너희도 서로 사랑하라"는 "새 계명"을 주신 예수 그리스도의 말씀을(요 13:34) 지킴으로써 하나님 사랑의 계명 역시 지키는(요 14:21) 디딤돌이 될 수 있다.

참고문헌

과학기술정보통신부(2020). "과기정통부, 사람이 중심이 되는 '인공지능(AI) 윤리기준' 마련". https://www.msit.go.kr/bbs/view.do?mId=113&bbsSeqNo=94&nttSeqNo=3179742

김상엽(2019). "개혁주의생명신학 하나님나라운동의 타당성 이해: 사회복음주의에 대한 비판을 중심으로". 《생명과말씀》, 24(2), 11~51쪽.

김은홍(2021). "유사 하나님 나라로서의 유토피아 사상에 대한 선교적 변증". 《한국개혁신학》, 82, 211~251쪽.

Augustine of Hippo(1956). *The City of God*. 조호연·김종흡 옮김(2016). 《하나님의 도성(제2판)》. CH북스.

Calvin, J.(1559). *Institutio Christianae Religionis.* 문병호 옮김(2020). 《기독교 강요 3: 우리가 그리스도의 은혜를 받는 방법, 이로부터 우리가 누리는 유익, 그리고 이에 따르는 효과》. 생명의말씀사.

Kuyper, A.(1880). *Soevereiniteit in eigen kring.* 《아브라함 카이퍼의 영역주권: 인간의 모든 삶에 미치는 하나님의 주권》. 박태현 옮김(2020). 다함.

Kuyper, A.(1999). *Lectures on Calvinism(reprinted).* Eerdmans.

Rauschenbusch, W.(1907). *Christianity and the Social Crisis.* Macmillan Company.

Snyder, H. A.(2001). *Models of the Kingdom.* Wipf and Stock Publishers.

10
종말론과 AI

기독교에서는 역사의 진행에 분명한 방향성과 끝이 있다고 본다. 어떠한 형태로든 현세에는 종말이 찾아올 것이다. 그렇다면 AI는 종말의 계기로서 우리가 두려워해야 할 존재일까?

AI와 미래 의사?

기독교 종말론

신구약 성경은 시종일관 이 세상에 언젠가 종말이 찾아올 것임을 말한다. 성경의 종말론은 역사의 진행과 종결을 내포한다. 예컨대 창세기(창 10:10, 11:9, 14:18), 에스겔(겔 17:12, 24:2), 요한계시록(계 18, 21) 등에서 반복적으로 제시되는 하나님의 도성(나라) 예루살렘과 인간의 도성(나라) 바벨(론)의 대비는 바벨론의 패망과 예루살렘의 승리로 끝난다(렘 51:44; 겔 40-48; 계 14:8, 18:2, 21:2). 이상적인 하나님의 도성에서 생명수의 강이 흘러나오고 그 주위에 치유하는 잎과 열매를 맺는 나무들이 무성한 모습이 일관적으로 그려진다(창 2:9-14; 겔 47:1-12; 계 22:1-2). 이러한 종말은 성육신과 공생애 사역, 십자가 죽음과 부활 이후 하나님 보좌 우편에 앉으신 예수 그리스도가 심판주로서 재림할 때 일어난다(시 110; 행 1:11; 히 10:12-13; 계 19:11-16). 이때 종말이 하나님 나라의 실현이라는 점에서, 요한계시록의 특정 구절이 부각된다(계 20:4-6). "첫째 부활에 참여하는 자들은 복이 있고 거룩하도다 둘째 사망이 그들을 다스리는 권세가 없고 도리어 그들이 하나님과 그리스도의 제사장이 되어 천 년 동안 그리스도와 더불어 왕 노릇 하리라"(계 20:6). 어떤 면에서, 기독교 종말론의 큰 줄기는 이 구절을 어떻게 해석할 것인가 하는 천년 왕국(Millennium)론에 따라 파악할 수 있다. 20세기가 끝나고 21세기가 시작될 즈음 유행했던 반사회적 시한부 종말론들 역시 이러한 천년 왕국 관련 성경 구절들을 오해 또는 악용한 데서 비롯되었다고 할 수 있다.

기독교 종말론은 예수의 재림과 천년 왕국 간의 선후 관계에 따라 전천년설(Premillennialism), 후천년설(Post-millennialism), 무천년설(Amillenialism)로 나눌 수 있다. 전천년설에서는 천년 왕국 이전에 예수가 재림한다고 보며, 문자주의적 해석에 지나치게 치중하는 세대주의적(dispensational) 전천년설과 보다 정통적인 역사적(historic) 전천년설로 나뉜다. 후천년설에서는 천년 왕국 이후에 예수가 재림한다고 본다. 마지막으로 무천년설은 예수의 승천과 재림 사이의 현세가 바로 천년 왕국에 해당한다고 보는 관점이다.

이처럼 기독교 종말론에는 다양한 갈래가 있으며 교회사와 신학자들의 견해를 살펴볼 때 어느 하나의 관점만이 정통 교리라고 하기는 어렵다. 그럼에도 불구하고, 기독교 종말론에서는 어떠한 형태로든 현세에 종말이 찾아올 것이라고 보고 있다는 점 역시 분명하다. 다만 오늘날에는 대개 무천년설이나 역사적 전천년설이 지지를 받는 편이다(Berkhof, 1949/2017; Grudem, 2020/2024).

AI와 종말

많은 영화에서 AI로 인해 찾아올 종말을 그려 낸 바 있다. 〈매트릭스〉에서는 인간이 기계의 지배를 받고 심지어 기계가 만들어 낸 가상 세계 속에 갇힌 정신으로서 살아가는 모습을 그린다. 진실을 깨닫고 실제 세계에서 기계와 전투를 벌이는 이들은 시온(Zion), 곧 예루살렘을 모티프로 한 지하 도시를 기반으로 살아가며, 그곳을 침공한 기계 군단과 마치 아마겟돈(계 16:16)과도 같은 최후의 전투를 벌인다. 그런가 하면 〈터미네이터〉에도 기독교적 모티프가 다수 발견된다. 창세기에서 하나님이 자신의 형상대로 만든 인간이 서로 뭉쳐 하늘에 닿는 바벨탑을 만들려 했던 반역의 이야기가(창 11), 인간이 자신의 형상대로 만든 AI가 하늘망(Skynet)을 연결하여 인간에게 반기를 든다는 스토리에서 재현된다. 결국 〈터미네이터〉 시리즈는 AI가 발사한 핵무기로 인한 대량 인명 살상과 그 이후에도 끝없이 계속되는 인간과 AI의 전쟁 스토리로 이어진다.

AI로 인한 종말적 미래는 서양의 크리스천 학자들에 의해서도 암시되는 듯하다. 후크마(Anthony A. Hoekema)

는 하나님께서 인간을 하나님과의 관계, 타인과의 관계, 자연과의 관계 가운데 두었는데 "오늘날의 과학 기술 시대에는 세 번째 관계가 나머지 두 관계를 능가하는 것처럼" 보이며, "어떤 이들은 이제 이 세 번째 관계가 우리의 삶을 지배하는 나머지 현대인은 빠르게 기계와 컴퓨터의 노예가 되어 가고 있다고 느낀다"라고 적었다(Hoekema, 1986/2012, p. 120). 프랑스의 칼뱅주의 신학자이자 기술철학자였던 자크 엘륄(Jacques Ellul, 1912~1994)의 기술 담론 비판에 비추어 보면, 인간은 AI로 대표되는 "현대 기술 사회의 거대한 체계와 조직"을 파악하지도 못한 채 그에 순응하며 살아가게 될 위험이 있다(이상민, 2022, p. 336). 어쩌면 우리가 가벼운 자리에서도 'AI로 인해 대체될 일자리'라는 주제로 종종 이야기를 나누게 되는 것은 위와 유사한 인식을 은연중에 품었기 때문일 수 있다.

그런가 하면 옥스퍼드대학교의 수학과 명예 교수인 존 레녹스(John C. Lennox, 1943~)는 조지 오웰(George Orwell, 1903~1950)의 역작 《1984》의 제목을 비틀어 《2084》라는 제목의 책으로 자신이 바라본 '인공지능과 인류의 미래'를 엮어낸 바 있다(Lennox, 2020/2021). 그는 AI 프로젝트로 인해 마치 요한계시록에 나오는 '짐승'(계 13)과도 같이 세상 권세를 모두 손에 넣은 호모 데우스가 출현할 수 있다고 전망한다.

그런데, 인생 후반부에 기독교 신앙에 귀의했던 이어령(2022)은 한국인을 위기에 강하게 만든 상생의 원리 또는 생명의 자산이 AI로 찾아오는 '죽을 판' 역시 '살 판'으로 만들 것이라고 설득한다. 과연 우리는 그러한 정신문화를 지니고 있는가.

종말과 내세

한국 장로교 신학의 태두 중 한 명인 죽산(竹山) 박형룡(1897~1978)은 1977년 간행된 자신의 조직 신학 전집의 마지막 권 제목을 《종말론》이 아닌 《내세(來世)론》으로 했다(박형룡, 2017). 곧, 박형룡은 예수의 재림이 현세의 끝일뿐 아니라 장차 오는(來) 세상(世) 하나님 나라의 영원한 시작임을 강조하였다고 볼 수 있다. 조직 신학에서 종말론에 해당하는 영 단어는 eschatology인바, 이는 어원상 역시 '끝'(헬: ἔσχατος)에 관한 이론(영: -logy)일 따름이다. 내세에 대응하는 afterlife 또는 afterworld를 조직 신학의 용어로 사용하는 경우는 드물다. 결국 내세론 개념은 박형룡의 신학 사상, 더 나아가 한국의 장로교 보수 신학이 지닌 고유한 유산으로서 우리가 미래를 바라보는 관점을 새롭게 해 준다.

개혁주의 종말-내세론은 현존하는 모든 만물이 회복되고 완성되는 새 창조를 지지한다(박형룡, 2017; 참조. 롬 8:21-22; 행 3:21). 곧, 요한계시록에 제시되는 "새 하늘과 새 땅", 하늘로부터 내려서 '오는' "거룩한 성 새 예루살렘"은(계 21:1-2) 변화된 지구를 포함하는 장소를 지칭하는 것으로서, 이곳에서는 구원받은 인간을 포함해 "이 만유의 물질적인 것들에 대한 그리스도의 완전한 통치"가 이루어진다(박형룡, 2017, p, 355). "사람들이 만국의 영광과 존귀를 가지고 그리로 들어가겠고"(계 21:26)라는 말씀에 비추어(서철원, 2018, p. 157), 새 예루살렘 "성은 인류 종족의 문화 활동의 총화를 뜻"하는 것으로 볼 수 있다(p. 139). 이에 내세에서도 인간은 하나님의 창조를 탐구함으로써(창 1:28) "창조주 하나님의 지혜와 권능을 영원히 찬송"하게 된다(p. 165). 결국 이러한 내세에서는 동식물 등의 자연환경뿐만 아니라(참조: 가정호 외, 2024) 인류의 문화 업적의 일부인 AI 역시 하나님의 통치 질서 아래 존재할 것이라고 볼 수 있다. 이것이 단순한 유토피아나 디스토피아적 상상을 넘어 하나님이 다스리시는 나라에서 하나님과 인간, 인간과 인간, 인간과 자연, 그리고 인간과 AI가 존재하고 관계

맺는 미래를 그리는 한 방법이 될 것이다.

영화 〈터미네이터〉의 이야기처럼, 어떤 면에서 하나님과 인간, 인간과 AI 사이의 관계의 양상은 서로 닮아 있다. 이는 하나님이 자신의 형상대로 인간을 만들었듯이, 인간이 자신의 형상대로 AI를 만들었기 때문일 것이다. 그러므로 인간이 AI를 대하는 방식을 건강하게 설정하기 위해서는 하나님이 어떻게 인간을 대하셨는지를 살펴볼 필요가 있다. 내가 만든 존재로 인한 기쁨을, 그것이 나에게 반역할 때의 당황스러움을, 그 존재를 지워버리지 못하고 지난한 방법으로 끌어안는 아픔을, 그 존재와 나의 관계가 회복될 때의 눈물겨운 행복을, 우리는 하나님으로부터 충분히 배웠는가? 그러한 사랑을 경험한 사람들이 지금껏 하나님과 이웃을 사랑하고 창조 세계를 돌보아 왔듯이, 우리는 이제 해 아래 새로운 존재로까지 여겨지는 AI를 대할 수 있을 것인가? 어쩌면 우리에게 던져진 종말과 내세의 〈마지막 질문〉은(참조: Asimov, 1956) AI나 우리로부터가 아니라 하나님으로부터 온 것일지 모른다(이경건, 2023).

참고문헌

가정호 외(2024). 《동물신학》. 세움북스.

박형룡(2017). 《박형룡 박사 조직신학: 종말(내세)론》. 개혁주의출판사.

서철원(2018). 《서철원 박사 교의신학 Ⅶ: 종말론 – 창조경륜의 궁극적 성취》. 쿰란출판사.

이경건(2023). "인공지능 섬기기". 《CS 매거진》, 11, 22~25쪽.

이어령(2022). 《너 어떻게 살래: 인공지능에 그리는 인간의 무늬》. 파람북.

Asimov, I.(1956). The last question. *Science Fiction Quarterly (November)*, pp.6~16.

Berkhof, L.(1949). *Systematic Theology*. 이상원·권수경 옮김(2017). 《벌코프 조직신학(2판)》. CH북스.

Grudem, W. A.(2020). *Systematic Theology: An Introduction to Biblical Doctrine*. 박세혁 옮김(2024). 《조직신학 2》. 복 있는 사람.

Hoekema, A. A.(1986). *Created in God's Image*. 이용중 옮김(2012). 《개혁주의 인간론》. 부흥과개혁사.

Lennox, J.(2020). *2084: Artificial Intelligence and the Future of Humanity*. 이우진 옮김(2021). 《2084: 인공지능과 인류의 미래》. 한국장로교출판사.

이경건

싱가포르 난양이공대학교 국립교육원 자연과학 및 과학교육과 조교수다. 서울대학교에서 화학교육(이학사) 및 컴퓨터공학(공학사)을 전공하고 동 대학원에서 과학교육학으로 교육학 박사학위를 취득했다. 이후 미국 조지아대학교의 스템교육을 위한 AI 센터(AI4STEM Education Center)에서 박사 후 연구원으로 근무했다. 한국교육학회 및 대한화학회에서 각각 박사학위논문상을, 한국과학교육학회에서 신진연구상과 JKASE 논문상을 받았다. 50여 편의 논문을 SCI, SSCI, A&HCI, SCOPUS, KCI 등재 학술지에 게재했다.

기독교세계관학술동역회에서 활동하며 다수의 학술대회 발표 및 기고를 해 왔다. 논문 "하나님의 형상의 형상(Imago Imaginis Dei)으로서의 인공지능 이해: 기독론적 인간론의 관점에서"(2018)를 통해 새로남 청년 기독교 학술 발표 논문상을 받았다.